本专著受到以下项目资助，特此致谢！
广东省软科学项目“私募股权融资对广东省民营高科技企业创新的影响研究”（2016A070705062）；
广东省自然科学基金项目“从“富二代”到“创二代”：家族企业传承对技术创新的影响研究”（2017A030313402）；
广东省高校优秀青年教师培养项目“私募股权融资与家族企业成长：基于制度环境视角的分析”（Yqgdufe1401）；
广东省研究生教育创新计划项目“会计硕士专业学位研究生教学案例库建设”（2017QTLXXM18）；
广东财经大学校级联合培养研究生示范基地：天健会计师事务所（特殊普通合伙）广东分所。

陈建林　陈建华◎著

私募股权基金对家族企业创新的影响研究

——理论分析与实务探讨

中国财经出版传媒集团
中国财政经济出版社

图书在版编目（CIP）数据

私募股权基金对家族企业创新的影响研究：理论分析与实务探讨／陈建林，陈建华著．—北京：中国财政经济出版社，2018.5

ISBN 978－7－5095－8209－1

Ⅰ.①私…　Ⅱ.①陈…　②陈…　Ⅲ.①股权－投资基金－影响－家族－私营企业－企业创新－研究－中国　Ⅳ.①F832.51　②F279.245

中国版本图书馆 CIP 数据核字（2018）第 073946 号

责任编辑：高树花　　　　责任印制：刘春年

封面设计：孙俪铭　　　　责任校对：徐艳丽

中国财政经济出版社 出版

URL：http：//www.cfeph.cn

E－mail：cfeph＠cfeph.cn

社址：北京市海淀区阜成路甲 28 号　邮政编码：100142

营销中心电话：010－88191537　北京财经书店电话：64033436　84041336

北京财经印刷厂印装　各地新华书店经销

710×1000 毫米　16 开　9.25 印张　200 000 字

2018 年 5 月第 1 版　2018 年 5 月北京第 1 次印刷

定价：58.00 元

ISBN 978－7－5095－8209－1

（图书出现印装问题，本社负责调换）

本社质量投诉电话：010－88190744

打击盗版举报热线：010－88191661、QQ：2242791300

前　言

中国的家族企业经过改革开放以来四十年的发展，从无到有，从小到大，从弱到强，目前已经从“求生存”阶段转变到“求发展”阶段。随着中国经济的转型升级，创新成为企业发展的核心竞争力，对家族企业而言更是如此。随着家族企业规模的扩大，单靠家族企业内部的资本积累已经不能支撑企业的发展，家族企业迫切需要引入外部的社会资金。因此，私募股权基金不断进入了家族企业，成为家族企业新的资金来源。有鉴于此，本书同时关注私募股权基金与家族企业创新。

本书力图做到理论与实践相结合。本书既对相关理论文献进行了总结，又介绍了私募股权投资基金的理念和发展现状，同时分析了在不同的现实案例中，私募股权基金如何影响了家族企业创新。本书的两个主要作者，一个是学术界的研究人员，另一个是私募股权投资基金的实务界人士。

本书的第 1 章由陈建华执笔；

本书的第 2 章由陈建林、冯昕珺执笔；

本书的第 3 章由陈建林、李瑞琴、冯昕珺执笔；

本书的第 4 章由陈建林、冯昕珺、李瑞琴执笔；

本书的第 5 章由杨晨一、陈建华执笔；

本书的第6章由王楚童、陈建林执笔；

本书的第7章由于金仟、陈建林执笔；

本书的第8章由陈建林、付淑悦执笔；

本书的第9章由陈建华、陈建林执笔。

全书由陈建林和陈建华统稿。

本书希望通过案例研究，可以对私募股权投资基金和家族企业的实务界人士有所启发。同时，本书的相关观点还需要大规模样本的实证研究的检验，本书希望为未来的理论研究起到抛砖引玉的作用，为推进家族企业创新领域的研究做出一定的贡献。

陈建林　陈建华

2018年2月

目　录

第1章 私募股权基金的投资理念

经济学家提出了生产四要素理论，即经济产出是劳动、资本、土地和组织（企业家才能）的函数。而企业创新正是企业家才能的重要体现，是企业管理的重要因素。企业创新不应该仅仅是我们狭义理解的技术创新，它还涉及许多方面，包括商业模式创新、制度创新、管理创新、战略创新等。这些方面与技术创新一起，是相互关联、相辅相成的。

私募股权基金有很多种分类方法。按照拟投资目标企业的阶段，可以分为天使投资基金、VC 投资基金、Pr-IPO 投资基金、并购基金等。随着这些年中国 GDP 的快速增长，私人财富迅速积累，富裕阶层开始出现，因此私募股权基金在中国也获得迅猛的发展，有力地支持了中国企业的发展和创新。

今天，中国高科技企业的代表腾讯、阿里巴巴、百度、京东、小米等，无不是在私募股权基金的支持下成长起来的。可以说，正是中国企业家的创业精神加上私募股权基金的支持，造就了今天中国企业的版图和在世界经济中的分量，以至于美国《华盛顿邮报》在 2015 年 9 月 27 日发表了一篇非常吸引眼球的文章——《美国人应该真正害怕中国什么》。文章提到了北京中关村的一个咖啡馆——“车库咖啡”。在这个小小的咖啡馆里，有十几张桌子，每一张桌子都有几个在创业的年轻人和一些天使投资者在谈论投资和商业计划。《华盛顿邮报》的记者就是看到了这个地方，回去写了这篇文章的。他说，中国最值得美国人害怕的事情，是中国人发现了美国的秘密。什么秘密？科技和资本的结合。正是这个秘密，使过去几十年美国高科技产业得以独步天下。

本书的主题是研究私募股权基金对家族企业创新的影响。研究的主题具有很强的理论意义和现实价值。但如果在聚焦的同时，把这一聚焦的主题放在上述整个私募股权基金对企业发展影响的大框架下进行观察和比较，将具有更大的启发意义。

自 1978 年中国改革开放以来，中国的私营经济已经经历了 40 年的蓬勃发展。在此过程中，中国也涌现出很多成功的典型家族企业。相比于其他企业，家族企业在创业初期可能具有一些明显优势，如企业利益和管理层利益高度一致、企业内部极强的凝聚力、彼此之间非常高的信任度、更低的管理成本（甚至可以不计薪酬地忘我工作）、非常高效率的决策机制等。这些优势能让企业在短时间内获得竞争优势，赢得市场份额。

但是，随着企业经营时间的延长以及企业达到一定规模以后，家族企业的一些弊端就逐渐出现了。主要表现就是任人唯亲和企业运营中的责权利不清晰。这导致家族企业难以引进外部人才，因为家族成员和外部人才在职务、薪酬待遇等方面往往难以协调等。管理中责权利不清晰则会导致家族企业的执行力逐渐下降。对于企业而言，把经营人才的遴选范围限制在一个家族内部，显然是难以满足企业发展要求的；执行力下降则导致家族企业的竞争力被削弱。

在投资实践中，我们得出的结论是，私募股权基金对于家族企业创新而言，最重要的贡献在于：改善家族企业的治理结构、创新商业模式、创新管理机制和推动家族企业上市。私募股权投资基金往往在公司治理方面拥有较为丰富的经验，完成投资后进入家族企业董事会，往往能推动家族企业内部治理的完善，继而推动企业创新商业模式，推动市场化运营机制改革，提高企业运营效率。另外，推动家族企业上市（IPO）是私募股权基金最重要的退出方式。在家族企业上市的过程中，往往管理水平得到了提高。而且如果成功上市，企业经营跃上一个新的台阶，一定程度上增强了企业承担由于创新风险导致的经营风险的能力，推动了创新投入的决心和力度。

中国文化中有一句话叫“事在人为”。确实，21世纪企业的竞争归根到底是人才的竞争。在股权投资基金的推动和帮助下，家族企业可以更好地捋顺公司治理，建立了良好的运营机制，提升管理水平，创造优秀人才可以发挥的空间。随着优秀人才源源不断地进入企业，企业的创新能力自然就得到了加强。在这过程中，如果家族企业成功

IPO，成为上市公司，并通过资本市场募集了更多的资金，实力得到显著增强。此时，家族企业更倾向于通过更多的创新投入增强企业的竞争力。这也在一定程度上促进了家族企业的创新。

在笔者的投资实践中，曾经投资过两家具有明显家族企业特征的企业。一家是深圳某知名的公共装饰企业，另一家是广州某知名体育用品企业。对这两家公司的投资过程都伴随着上述对家族企业公司治理的改善、商业模式的提升、运营和管理机制的创新，甚至是经营战略的创新等过程。

随着中国房地产行业的发展，中国的装饰行业也获得快速发展的机遇，涌现了无数大大小小的装饰企业。我们投资的这家位于深圳的某装饰企业在装饰行业排名靠前，连续五年进入中国建筑装饰行业综合实力百强前十名，是国家一级资质施工企业、甲级资质设计单位。我们判断整个装饰企业的集中度将不断提高，因此排名靠前的优势企业将可以持续扩大市场份额。这是我们进行该笔投资的基本逻辑。毛主席说过，战略上藐视敌人，但在战术要重视敌人。同样的道理，尽管我们相信我们投资逻辑的正确性，但是在具体投资过程和企业经营层面（投资的战术层面），还有大量的基础性工作要做。

现在回头看，这家装饰企业具有明显的家族企业特征：董事长和总经理都是老板本人、老板娘则任公司副总经理，公司关键岗位要么是老板的亲属，要么是跟随老板多年的老臣子，有的人可以胜任岗位职责，有的人则不那么能胜任岗位职责。此外，公司整体的运营机制并不合理。最典型的就是在工程中标后，公司内部项目经理的遴选没有一套合适的机制，而主要由老板个人决定。这就导致了项目经理天天追着老板要工程做，接了工程后又天天向老板诉苦，提困难、提要求等。这些家族企业的特点每时每刻都在影响着公司的经营效率。

决定启动上市进程后，这家企业进入了包括我们在内的几个私募股权基金的视线。笔者相信，迄今为止，这家装饰企业老板做得最正确的事情之一就是引入了一位具有非凡能力的人担任公司副总经理和董事会秘书。在包括私募股权基金在内的股东大会和董事会的推动和支持下，在公司董事长的指导下，公司新任副总经理兼董事会秘书对公司的经营战略、人才架构、运营机制等方面进行了大幅度的改革。公司确立了以大客户为核心的经营战略；让不能胜任岗位职责的老员工调离工作岗位，大胆任命一批年轻骨干力量走上领导岗位；改革公司运营机制，如通过内部竞标选择项目经理，从而有效地控制了工程成本等。这些改革措施虽然遇到了一定的阻力，但在股权投资基金参与的股东大会和董事会的支持下，成为不可逆转的改革方向。企业最终在 2016 年成功在中小板挂牌上市。

从前面这个投资案例中可以看出，私募股权基金对于家族企业创新还是有较大的贡献的：通过投资成为公司股东和进入公司董事会，完善了公司的治理结构，进而推动公司的重要改革（战略创新、人才观念创新、制度创新、商业模式创新），取得了经营的成功。实际上，公司通过改革取得经营成果以后，马上就投入资源和资金进行技术创新，在上市前就通过了国家评审，成为国家级高新技术企业。可见，在经营过程中，各个环节的创新是相辅相成、互相促进的。

另一家我们投资企业是体育用品企业。这家企业始建于 1997 年 2 月，是一家专业从事体育用品研发、生产、销售及品牌运营为一体的大型知名股份有限公司，也是我国体育用品行业大型骨干企业。其前身于 1978 年创立于香港特别行政区，距今已有 40 年历史，也是一家典型的历史悠久的家族企业：老板担任董事长、儿子担任总经理、老板娘实际管理公司行政事务。应该来讲，这个公司的行业属性要优于前面我们投资的装饰企业所属行业，因为体育用品是一个消费类型的行业，而且随着我国国民经济的发展，群众参与体育运动的人数越来越多，这是一个稳定且增长的市场。而这家体育用品企业属于儿童体育用品行业龙头，具有领先的行业地位。跟前面装饰企业的案例类似，虽然战略上这个企业是可以投资的，可是具体到战术上，仍面临诸多问题。例如，受电商冲击严重、决策缓慢、人才流失严重、执行力差、经营战略缺失等。所有的问题集中起来可以这样表述：这是一个赚钱的生意，但这不是一个合格的团队，且缺乏有效的运营机制。

基于“以人为本”的投资理念，我们对该笔投资很犹豫。但是，这个家族40年如一日地坚持做一个行业，这种工匠精神打动了我们。因此，最终我们连同其他几家机构仍然选择了投资。当然，投资之前，我们与实际控制人详细讨论过公司的经营方向，取得共识之后才进行投资。作为私募股权基金投资人，推动这个公司的商业模式创新、管理机制创新和人才理念创新成为我们保障这笔投资成功的重要前提。从行业特点出发，包括私募股权基金在内的全体股东研究推出了几项重要的改革计划：撤出商超渠道、升级商业模式、实施公司内部合伙人机制。这些改革措施正在改变着这个企业的经营面貌，相信不久的将来，这个老牌企业将焕发出新的生机，顺利走向资本市场。

中国市场经济发展已经将近40年之久，中国的经济发展也取得举世瞩目的成就。在中国成为全世界第二大经济体并向着成为第一大经济体的目标迈进过程中，中国又提出了“一带一路”倡议，我们中国的企业，包括中国的家族企业，现在所拥有的市场机遇是历史空前的。如今，越来越多“独角兽”和初创企业正在涌现，传统企业也在不断地扩展业务平台，积极拥抱时代的变化。中国的家族企业已经经历过第一代创业的成功历程，很多也到了二代接班的时期，更要积极创新，融入中国经济发展的滚滚大潮中。与此同时，最近十年，中国的私募股权基金也获得了巨大的发展。根据中国证券投资基金业协会公布的数据，截至2018年1月底，全国已登记的私募基金管理人为22883家，已备案私募基金规模为人民币11.76万亿元。可以说，中国企业的创新和中国私募基金的发展都方兴未艾，中国的家族企业，可以充分利用私募股权基金，推动企业创新发展，让家族事业更上一层楼。

第2章 私募股权投资基金与家族企业创新的发展现状

2.1 引　　言

家族企业就像一个家族帝国，家族的企业家们都渴望着企业能够一直持续经营，由后世子孙代代传承，因而可持续发展一直是企业家们孜孜以求的。而要想实现可持续发展，其途径是多样化的，技术创新就是其中之一。2016年举行的全国科技创新大会强调："要把科技创新摆在更加重要的位置，使之成为国之利器，国家赖之以强，企业赖之以赢，人们生活赖之以好。"同时，还提出了"2020年使中国进入创新型国家行列"的战略目标，这更是进一步凸显了技术创新的重要性。技术创新，有助于提高企业生产效率，降低企业生产成本，提高市场占有率，最终帮助企业实现可持续发展，实现基业长青。因此，对家族企业来说，技术创新是赢得竞争、赢得市场的必然选择。

而以上这些，正好与私募股权投资的投资理念相吻合。私募股权投资的投资对象一般为高成长性的高新技术企业，而一些家族企业由于尚处于中小规模，在对技术创新投入时，心有余而力不足，无法以充足的资金作为技术创新的保障，银行方面也未能有效解决中小企业所面临的"融资难"问题。同时，中小规模的家族企业抵御风险的能力较弱，不能独自承担研发创新所要面临的风险。私募股权投资的出现则有效地解决了这一问题，不仅能给家族企业注入足够的资金，使其顺利进行创新研发，共同承担创新研发风险，还能通过参与家族企业管理，改善长期让人诟病的家族企业公司治理问题，提升家族企业治理效率。私募股权投资在帮助企业技术创新的同时，还起到活跃金融市场的作用，实在是一举多得。然而，事物总有两面性。虽然私募股权投资能为家族企业提供资金和管理，促进家族企业进行技术创新，但私募股权投资基金的根本目的仍然是提升企业价值，在企业上市后，通过退出的方式以获得巨额利益。

鉴于私募股权投资基金与家族企业创新的密切关系，本章将以广东省为例，分析私募股权投资基金与家族企业创新的发展现状。

2.2　私募股权投资发展现状

想要了解广东省家族企业被私募股权投资的情况，首先要了解广东省家族企业的相关情况。2015 年广东省家族企业共有 259 家（见图 2－1），从企业所在板块分布来看，广东省家族企业主要于中小板上市，主板 A 股中有 38 家家族企业，中小板有 125 家家族企业，创业板则有 96 家家族企业。可以看出，如今，广东省家族企业规模大多仍处于中小型阶段。

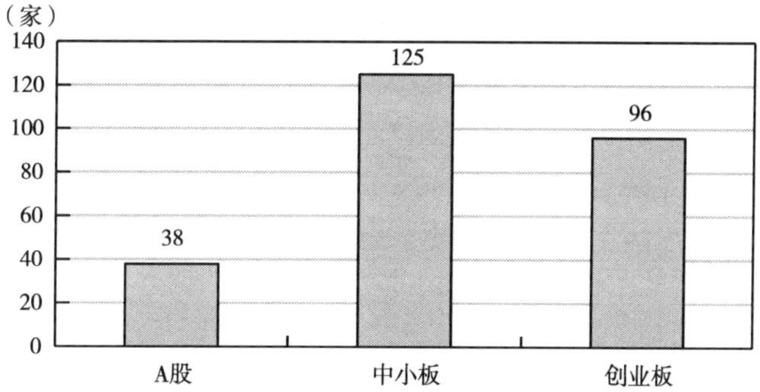

图 2－1　广东省家族企业板块分布

如图 2－2 所示，从被私募股权基金投资的广东省家族企业数量来看，只有 57 家家族企业得到了私募股权投资的投资，而大多数家族企业未得到私募股权投资，未被投资的家族企业是被投资家族企业的 3.5 倍。

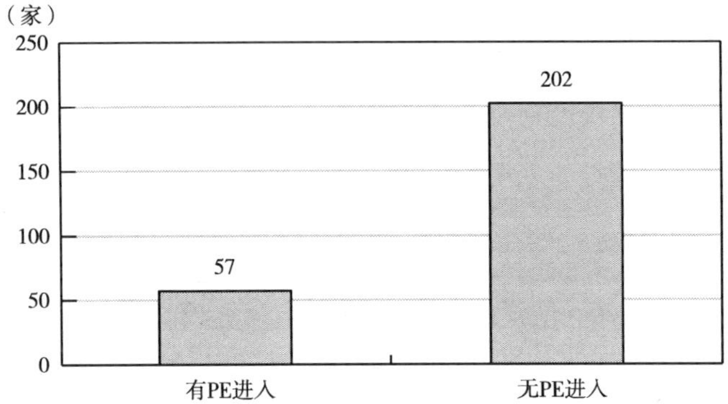

图 2－2　被私募股权投资的广东省家族企业数量

下面，我们来重点关注一下被私募股权基金投资的这 57 家广东省家族企业的具体情况。如图 2－3 所示，从被私募股权基金投资的广东省家族企业所处行业分布来看，计算机、通信和其他电子设备制造业排名第一，共有 18 家该行业的家族企业获得了私募股权基金的投资，占被投资企业总数的 31.57%；电气机械及器材制造业、软件

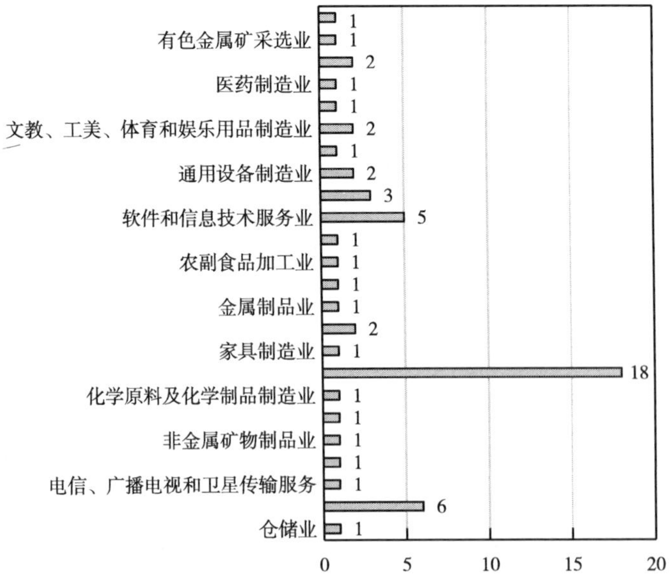

图 2－3　被私募股权投资的广东省家族企业所处行业分布

和信息技术服务业则排名第二和第三，分别为 6 家和 5 家，占被投资企业总数的 10.52% 和 8.77%。可见，私募股权投资仍然将主要投资对象锁定在高成长性的高新技术行业，尤其是与互联网有关的制造行业上。

从投资于广东省家族企业的私募股权投资的产权类型来看（见图 2－4），以民营为背景的私募股权投资为主，占总的私募股权投资公司的 53%；其次是外企背景的私募股权投资公司，占总的私募股权投资公司的 26%；排第三的是以国企为背景的私募股权投资。可以看出，广东省家族企业较为受到民营背景的私募股权投资公司的青睐。

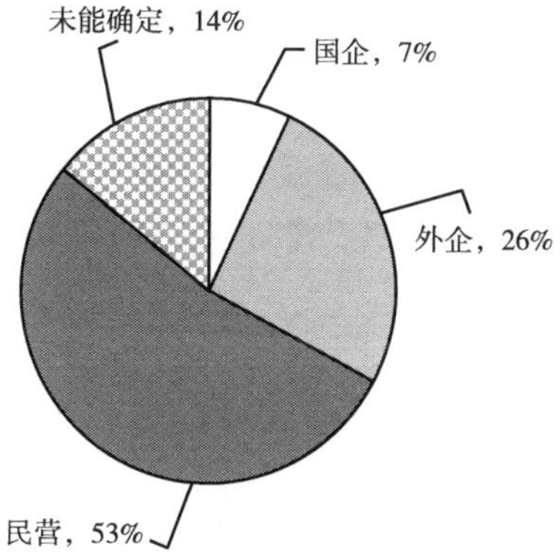

图 2－4　投资于广东省家族企业的私募股权的产权类型

那么这些把投资对象锁定在广东省家族企业的私募股权基金会持有企业多少的股份呢？如图 2－5 所示，从投资于广东省家族企业的私募股权持股比例分布来看，多数私募股权投资公司会持有被投资家族企业股权的 0～10%，持有 11%～20% 股权的位列第二，较少有私募股权投资公司持有被投资家族企业超过 50% 的股权。可以推测，一方面，由于技术创新风险高，回报期长，私募股权投资时理应慎之又慎；另一方面，广东省家族企业传统“家”文化观念较重，选择让外部持有较高股份的意愿也就相对较弱。这些原因都会造成私募股权投资持有较少的股份。

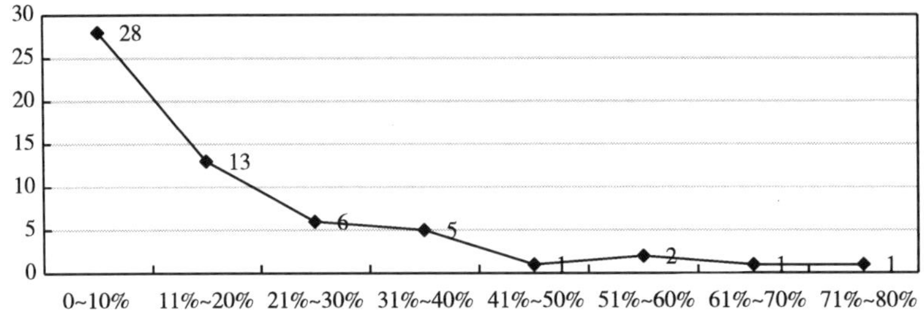

图 2－5　投资于广东省家族企业的私募股权持股比例分布

由于投资本身就是一个高风险行为，而私募股权投资所要承担的风险将会更高，而如何有效控制投资风险呢？私募股权投资通常的做法就是采取联合投资的方法来分散投资风险。如图 2－6 所示，从投资于广东省家族企业的私募股权投资公司的投资特点来看，有 61% 的私募股权投资公司选择了联合投资，而仅有 25% 的私募股权投资公司会进行单独投资。可见，联合投资控制投资风险得到了业界的广泛认可。

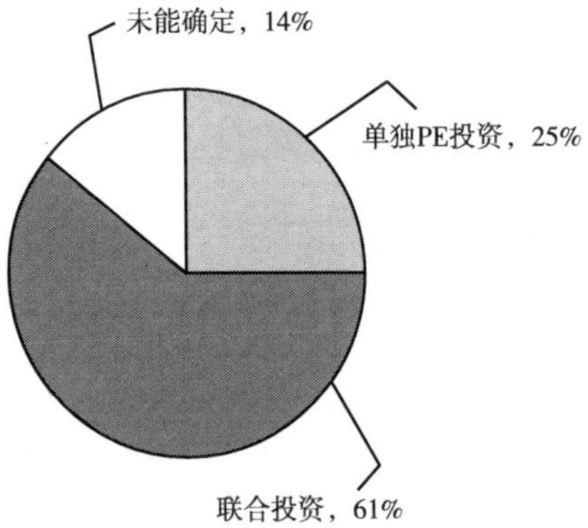

图 2－6　投资于广东省家族企业的私募股权投资特点

2.3　广东省家族企业创新现状

广东省是我国的经济大省，其经济综合竞争力居全国之首。为了更清晰地了解我国广东省家族企业的现状，我们首先分析广东省家族企业的行业分布状况。如图 2－7 所示，排名第一的是计算机、通信和其他电子设备制造业企业，共有 65 家；排名第二的是电气机械及器材制造业企业，共 36 家；专用设备制造业和软件和信息技术服务业分别以 22 家和 21 家位列第三和第四。广东省一直是制造业大省，尤其以珠三角地区的工厂最为出名，而根据行业排名，不难看出广东省不仅仅是制造业大省，还是集聚高新技术产业的大省。家族企业对高科技产业的重视，也显示出了其对技术创新的重视。

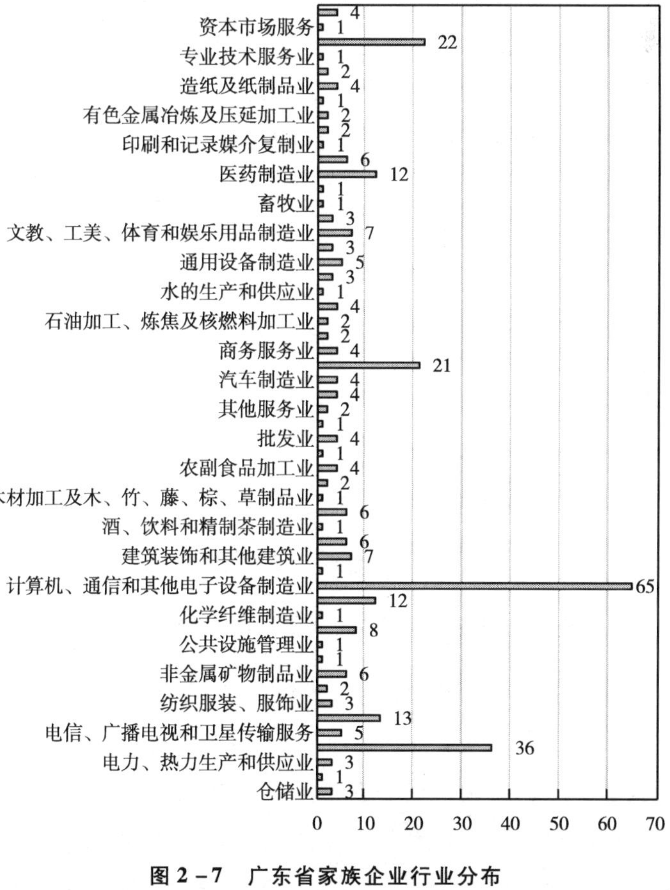

图 2－7 广东省家族企业行业分布

而与一般企业不同的是，家族企业在追求可持续发展的道路上，有其自身的特点，即家族企业要面临家族传承。技术创新是一件回报期长、高风险、高收益的选择，对促进企业长期有序发展的作用不言而喻，而家族企业传承，不论是促进还是抑制，都会对技术创新造成影响。虽然，由于我国改革开放时间较晚，大多数企业仍还年轻。如图 2－8 所示，从家族企业发生传承的比例来看，截至 2015 年，17% 的广东省家族企业发生了传承，仍有 83% 的家族企业未发生传承。并且，通过收集的数据还可以发现，当家族企业发生内部传承时，家族企业创一代企业家的平均年龄大约为 56 岁，想必随着时间的推移，我国会有越来越多的家族企业将发生传承。同时，对比继承者们，继承者们的平均年龄在 33 岁左右，根据相关研究发现，当人处于 30 ~ 40 岁这个年龄阶段时，冒险倾向和创新倾向均较强，正体现了中国传统谚语“初生牛犊不怕虎”，只是强的创新精神是否更有利于企业做出创新的决策还有待研究。

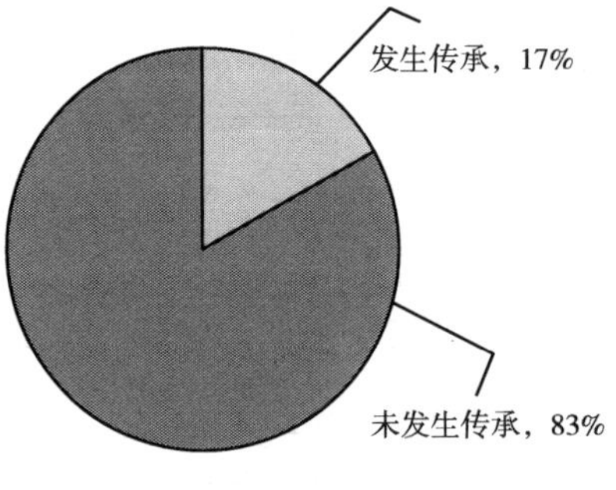

图 2－8　家族企业发生传承比例

企业创新是一个需要企业管理者经过多方面的考察与权衡才能做出的决策，而如何直观且科学地观察和衡量企业的技术创新水平呢？这需要我们引入创新指标，创新指标可分为创新投入和创新产出两类，而它们分别还可再细分为诸多指标，例如，常用的创新投入指标有研发人员占比，即研发人员占总员工数的比值；研发费用占比，即研发费用占主营业务收入的比值。创新产出的指标则有专利权数量等。下面，我们将通过引入创新投入指标，来考察广东省家族企业的技术创新水平。

广东省是我国的南大门，是海上丝绸之路最早的发源地。我国经济最发达之一的属珠三角地区，因此，我们以家族企业所处地区为划分标准，将广东省的家族企业分为珠三角地区与非珠三角地区两组，如图 2－9 所示，从珠三角地区与非珠三角地区的家族企业研发支出占比差异来看，珠三角地区的家族企业常年对研发的投入占其主营业务收入的 7.61%，远远高于非珠三角地区家族企业的 0.18%。研发支出与主营业务收入的占比是一个用于衡量企业创新能力非常重要的指标，由此可见，珠三角地区的家族企业不仅非常重视企业创新，其创新的能力相对来说也更强。

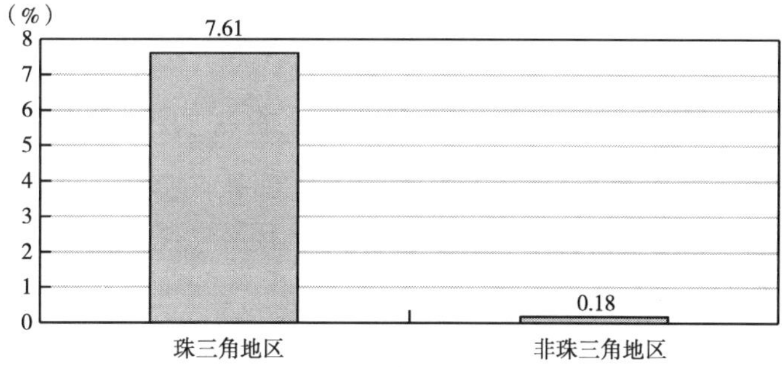

图 2－9　珠三角地区与非珠三角地区的研发支出占比差异

为了从另一个角度了解我国广东省家族企业技术创新水平，我们以行业为分类标准，如图 2－10 所示，从按行业分类的研发支出均值分布来看，信息传输、软件和信息技术服务业的研发支出最多，占到家族企业主营业务收入的 23.98%，排名第一；排名第二的是科学研究和技术服务业，其研发支出占家族企业主营业务收入的 17.39%；制造业和建筑业以研发支出占主营业务收入的 6.28% 和 5.20% 位于第三和第四。信息传输、软件和信息技术服务业之所以能在研发支出上投入如此之多，一方面是因为其行业特点，技术和硬件等更新速度快，对研发投入需求大；另一方面则是因为该行业也深受私募股权投资的青睐，较之其他行业更容易获得投资资金。

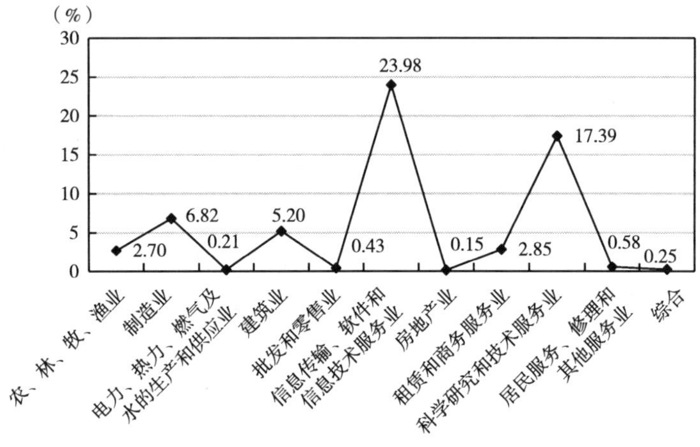

图 2－10　按行业分类研发支出均值的分布

相应地，我们仍以行业作为分类标准，以研发人员占比作为衡量技术创新能力的指标，来考察广东省家族企业的技术创新水平。如图 2－11 所示，从按行业分类的研发人员占比的分布来看，信息传输、软件和信息技术服务业以 50.71% 的研发人员占比遥遥领先，其

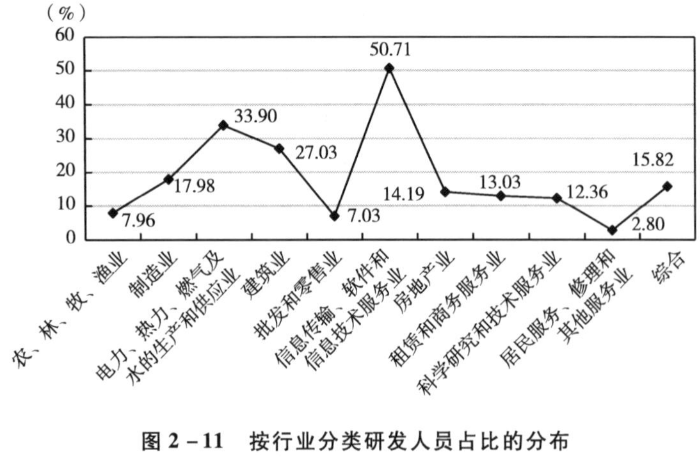

图 2－11　按行业分类研发人员占比的分布

次是电力、热力、燃气及水的生产和供应业，再次是建筑业，研发人员占比分别为 33.90% 和 27.03%。可见，信息传输、软件和信息技术服务业对技术创新的要求之高，要想在该行业生存和发展，并且在该行业赢得竞争，必须重视技术创新。

第3章 家族企业创新活动的理论分析

3.1 引　言

在全球范围内，家族企业无论是在数量上还是在经济规模上都占据了十分重要的地位，在全球经济一体化的大背景下，企业经营面临越来越多风险，要想保持经济繁荣、促进企业的长久发展，走可持续的创新之路将会是企业的主要出路。当企业被家族控制时，创新会给家族企业本身带来持续的影响（Gudmundson et al.，2003），但是相比于非家族企业，家族企业的创新活动往往不如前者（De Massis et al.，2013），主要体现在其创新活动所涉及的范围和广度比非家族企业更低（Classen et al.，2012）。但是，有些学者却发现虽然家族企业在创新活动方面投入较少，但是却更有效率（Duran Kammerlander，2016）。因此，家族企业创新活动研究是一个尚存争议的问题，需要对相关文献进行梳理。

有学者认为，家族企业的创新活动是指创新过程，而不是创新投入和创新产出（De Massis et al.，2013）。但是目前，我国学术界更多地关注家族企业的创新投入和创新产出，对家族企业创新活动的研究还相对薄弱，没有充分对家族企业创新过程的“黑匣子”展开研究，无法为家族企业的创新活动提供具有针对性的指导。在我国实施创新驱动战略和我国家族企业普遍面临转型升级的背景下，有必要对该领域的研究进行系统的整理和归纳。

因此，本书构建了总体框架（见图3－1），基于资源观理论、代理理论和社会情感财富理论，从企业创新文化、创新团队、创新战略等三个方面对家族企业创新活动的研究动态进行了系统的梳理和总结，归纳出对企业创新活动产生一定影响的家族资源和外部环境因素，有利于理清学者们对该领域的研究主题和主流研究方向，并对未来的研究趋势进行了展望。

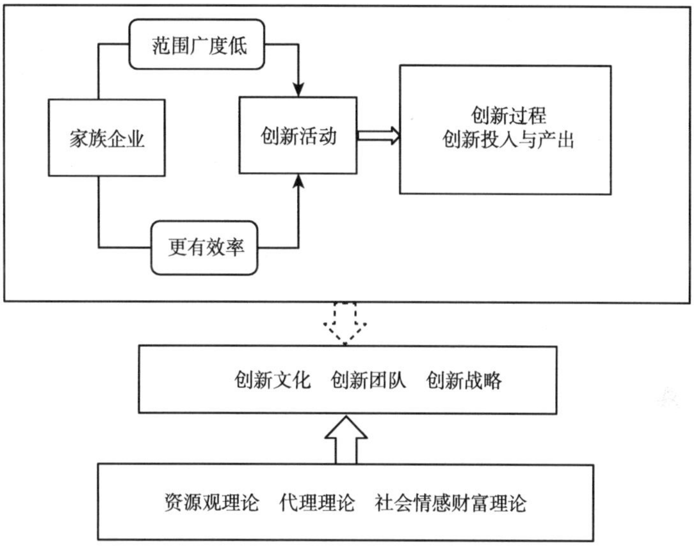

图 3－1　总体框架

3.2　家族企业创新活动的研究动态

3.2.1　创新文化：基于资源观理论的研究

资源观理论认为，相对于非家族企业，家族企业中的控制家族可以为企业的创新活动提供特殊的家族资源，帮助企业在一定程度上提高自身的创新能力（Chrisman et al.，2015）。而创新文化作为一类特殊的资源，正得到越来越多学者的关注。通过对相关的文献进行梳理发现，学者们对该领域主要关注的内容包括：家族企业与非家族企业间不同文化对企业创新的影响，家族企业的学习文化氛围对企业创新的影响。

（1）家族企业文化对企业创新的影响。

现有的研究显示：相比于非家族企业的文化，家族企业文化更有助于促进创新。Zahra 和 Neubaum（2007）、Lichtenthaler（2012）的研究表明，家族经验和家族文化与家族企业创新能力正相关。家族文化往往有助于企业快速构建灵活的规划体系，从而积极影响着企业文化，使企业充满凝聚力，增强适应能力，进而对企业的创新活动产生积极的影响（Craig，Dibrell and Garrett，2014a）。其中，强大的家族文化有助于将企业文化中的管理文化纳入其客户服务流程（Dibrell and Moeller，2011），使家族企业能更好地适应、吸收与企业创新活动相关的环境友好型企业政策，发挥财务绩效优势（Craig and Dibrell，2006），从而提高组织的创新性。另外，家族企业文化对企业成员也会产生一定的影响，Bammens，Notelaers 和 Van Gils（2015）发现在企业文化的影响下，家族企业的员工受到组织支持和义务风险的驱动，会自发地参与非正式创新活动，转变对新产品开发的态度（Chirico and Salvato，2016）。

（2）组织动态学习文化对企业创新的影响。

家族企业的动态学习能力被视为在动态环境中企业生存的基石，而企业的学习文化是创新文化的集中体现。在动态环境中，企业组织动态学习能力越强，更能适应变化的环境（Wang，2016），帮助家族企业突破传统进行创新（De Massis，2016a），而在创新过程中知识的不断积累，可以使企业在市场上存活时间更长久（Chirico，2008）。Li Liu 和 Xinde Chen（2014）建议，在动态的环境中，家族企业应该以持续发展为目的，不断探索家族企业结构创新，加强组织学习能力，特别强调家族企业应该建立其以公司社会责任为基础的战略管理架构。

通过梳理相关文献可以发现：学者对于家族企业的动态学习基本上都是持有积极态度的，认为家族企业的动态学习能力越强，越有利于企业的成长和创新活动的进行。

3.2.2 创新团队：基于代理理论的研究

学者们对家族企业创新的研究越来越强调高层管理团队的重要作用（Rosing，Frese and Bausch，2011）。基于代理理论的观点，家族企业是非常有利的治理结构，因为管理层和所有权没有分离，从而消除或者最小化代理成本（Jensen and Meckling，1976）；家族成员长期的交流有助于消除信息不对称，降低代理成本，从而进一步促进家族企业创新。

（1）家族高管团队对创新的影响。

现有的文献基本证实了代理理论的观点：家族高管团队在一定程度上促进了企业创新。Hsu 和 Chang（2011）对 76 家中国台湾上市家族企业的 124 个管理者进行定量分析发现，家族所有权与企业的行为战略密切相关，并会对创新产生积极的影响。尤其是当企业处于一个高度变化的环境时，家庭成员的比例增加会削弱控股家族和高层管理团队之间的代理成本，使企业的经营者更专注于提升企业的绩效（Chirico，2014）。而在多代参与管理的家族企业中，尽管代际间的思维方式、经营理念存在差异，但却会使高层管理团队具有多样性，团队成员间信息交换频率将会大幅上升，从而促进家族企业的创新行为（Ling，2010）；然而，当高层管理团队家族成员的比例过高时，这种关系会被逆转（Kraiczy，Hack and Kellermanns，2014）。

（2）高管团队特质对创新的影响。

从前述的整理分析可知，家族高管团队有助于企业开展创新活动。现有文献显示：家族高管的能力也在一定程度上促进了企业创新。在家族企业早期和家族高管的所有权水平较低时，CEO 的风险承担能力向对创新产生积极影响（Kraiczy，Hack and Kellermanns，2015）。当企业处在不利的经济环境时，尽管低迷的经济局势会在一定程度上阻碍企业的创新行为，但是如果企业领导者具有高度的悖论式思辨能力，那么企业的创新行为将会提高（Ingram et al.，2016）。需要值得注意的是，不管是 CEO 对企业的目标制定还是其自身的能力，都具有不可遗传性，多位学者都认为，上述的影响可能只适用于创始人，而不一定适用于其后代（Cucculelli，Le Breton Miller and Miller，2016；Cannella，Jones and Withers，2015）。

3.2.3 创新战略：基于社会情感财富理论的研究

基于社会情感财富理论，控制家族非常关注失去控制权的损失（Gomez Mejia et al.，2007），这会进一步导致家族企业采取不同的创新战略。目前，学术界在对家族企业创新战略的研究主要关注两类问题：一是关注家族企业设定的创新战略目标；二是关注家族企业实施创新战略的方式。

（1）创新战略的目标。

根据家族企业在制定企业创新战略时的目标，将企业的创新战略划分为激进式创新与渐进式创新（De Massis et al.，2015b）。渐进式创新是指家族企业希望在现有市场所存在的产品上对其进行改良从而得出新产品；激进式创新则是企业在制定创新战略时，更倾向于开发一种未曾出现在市场中的全新产品（Bessant，2005）。

很多学者的研究发现：相对于开发一种具有突破性的全新产品，不管是家族企业的控制家族，还是企业内的员工，都更倾向于进行渐进式创新而非激进式创新（Alberti and Pizzurno，2013；De Massis et al.，2015b，Bammens et al.，2015）。特别是当企业处于代际传承阶段需要将企业传承到下一代时，出于社会情感财富的考虑，为了避免家族财富遭受流失的风险，企业更倾向于采用渐进式的创新战略（Nieto et al.，2015）。当企业由后代进行管理时，企业也有可能出于控制风险的考虑，抵制开发全新的产品，尽管这一措施可能会引起其市场准入能力的变化，并损害其技术创新能力（Cucculelli，Le Breton-Miller and Miller，2016）。总结来说，目前的研究显示：家族企业为了保护社会情感财富，倾向于选择渐进式创新战略。但是，Bergfeld 和 Weber（2011）通过对 10 家德国家族企业进行定性分析发现，一旦家族企业形成了一种激进式的创新战略，企业会一直保持下去，以保障它们具有可持续发展能力。

（2）创新战略的方式。

按照家族企业在创新活动中是否积极联系外部组织（De Massis, Frattini, Pizzurno and Cassia, 2015b），例如，在创新活动中通过是否会联系客户、供应商、竞争对手、大学或者个人，还是只依靠自身的研发技术进行创新（Grönlund, Rönnberg Sjödin and Frishammar, 2010），将家族企业创新活动中的创新战略划分为：封闭式创新和开放式创新。

社会情感财富理论认为：家族企业管理者在进行决策时可能会为了保护或是增加家族成员的社会情感财富而背离经济效益的目标。在面对可能损害家族成员社会情感财富的战略时，家族企业往往会更乐意接受一定程度的财务绩效损失，以保护家族成员的社会情感财富，从而表现出保守的一面（Gomez Mejia, 2007）。目前的研究支持了社会情感财富理论的上述观点，并发现相对于非家族企业来说，家族企业创新研究的合作者和渠道更少（Classen et al.，2012）。由于家族管理者害怕失去对企业的控制，因此家族企业更倾向于依赖内部资源而很少与其他企业进行合作创新（Nieto, Santamaria and Fernandez, 2015），家族管理与技术的引进显著负相关（Kotlar, 2013）。然而，当保护机制到位时，他们也会倾向于采用开放的方法进行创新，特别是当公司需要进行包括研发在内的技术开发活动（Pittino, Visintin, Bau'and Mazzurana, 2013）。

此外，通过梳理相关家族企业创新战略的文献发现，由于家族企业的财富通常集中在一个或者几个家族成员身上（Anderson et al.，2003），往往会使他们对投资高风险的项目具有极度的敏感性（Bianco, Bontempi, Golinelli and Parigi, 2013），因此，家族成员出于保护企业财富、维护社会情感财富的需要，并不鼓励企业进行激进式创新和开放式创新（Folta and Miller, 2002），转而投资现金流更具有预测性的资产项目，获取股息红利等。因此，依据社会情感财富理论，现有文献的研究结果显示：家族企业的创新战略主要是采用渐进式创新和封闭式创新。

综合前述对文献的整理和分析，本书构建了关于家族企业创新活动研究动态的框架图（见图 3－2）。

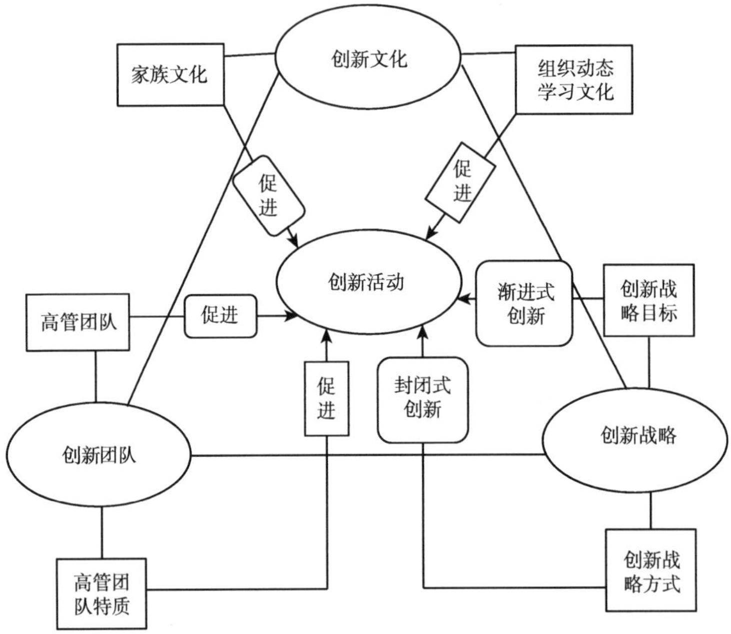

图 3－2　家族企业创新活动研究的动态框架

3.3　家族企业创新活动的影响因素

3.3.1　内部家族因素对创新活动的影响

从企业内部的视角出发，学术界进一步探讨了家族因素对创新文化、创新团队和创新战略的影响。

（1）影响创新文化的家族因素：基于资源观理论。

首先，现有的研究显示：强大的家族关系可以提升企业的创新能力。

一方面，家族关系有助于形成创新文化。拥有共同愿景和目标的家族（Craig et al.，2014a；Sanchez-Famoso et al.，2014），其成员间的价值观一致，家族成员相互信任、和睦相处，从而提高家族内部的凝聚力（Cassia et al.，2011），使他们愿意利用自身的专业知识来帮助企业开发新产品（Chirico and Salvato，2016）。和睦的家族关系不仅能有效激发家族成员间积极地共享信息（Cassia et al.，2011），使自有资源得到最大化利用，实现资源共享，还能让控制家族所拥有的社会资本得到真正有效的运用，促进企业形成优良的企业文化（Sanchez-Famoso，Maseda and Iturralde，2014），促进企业的创新活动。然而，也有研究显示：强大的家族关系使非家族成员可能认为创新是一个“家族内部的事务”，从而在创新项目中造成冲突和沟通问题（Cassia et al.，2012）。

另一方面，家族关系有助于提升家族企业动态学习能力。有学者发现：家族社会资本、关系冲突和家族成员的情感承诺，在一定程度上影响了家族企业成员获取创新知识的能力（Chirico and Salvato，2016）。Sylvie Laforet（2013）以英国500家小型家族企业为样本，发现：社会资本会影响到家族企业创新过程中的非家族雇员，正式学习对家族企业创新过程具有积极的影响。

其次，现有的研究显示：长期的家族承诺可以形成企业的创新文化。

家族成员对企业有高度的情感承诺，对产品开发具有间接和直接的积极影响（Chirico and Salvato，2016）。De Massis等（2015b）提供的定性经验证据表明：强烈的家族领导和高水平的个人主义，对新产品开发而言是有效的决策方式。另外，传统形式的连续性对组织学习和知识有积极影响（De Massis et al.，2016b），因此，家族的长期目标和支持有利于产品开发活动（Cassia et al.，2012）。

（2）影响创新团队的家族因素：基于代理理论。

首先，对管理人员权力的监督可以促进创新。有些研究发现：如果家族企业能确保创新流程得到有效的监控，则会在一定程度上降低代理成本，并会支持企业创新计划的实施（Cassia et al.，2011，2012）。然而，如果只是将权力限制在家族企业，可能导致缺乏充分的人力资源，导致创新型人才的流失（De Massis et al.，2016a）。

其次，利益冲突和裙带关系会阻碍创新。血缘与情感关系的混合，意味着家族企业面临着因决策不理性和冲突的频繁发生而带来的风险（Cassia et al.，2012）。有研究显示：家族关系冲突对家族成员识别、理解和利用彼此在创新方面的知识和能力产生了负面影响（Chirico and Salvato，2016）。此外，家族企业普遍存在裙带关系。通过对加拿大企业的案例研究，Miller 等（2015）指出，无论家族成员是否具有担任企业高层管理者的资格，创始人往往会将家族企业的高层管理职位留给忠诚的家族成员，这将导致企业中其他员工失去工作积极性。而家族成员间的紧密联系，可能对家族企业创新过程有负向影响（Bennedsen and Foss，2015）。

（3）影响创新战略的家族因素：基于社会情感财富理论。

首先，与利益相关者和社区的持久关系可以促进开放式创新。家族企业倾向于与内部和外部利益相关者建立持久关系（Miller et al.，2015）。当家族成员做出承诺并且被激励时，这些特质将被转移给非家族雇员，这有助于创造一个创新友好的文化氛围（Cassia et al.，2011）。家族希望与供应商和分销商等关键利益相关方合作，同时，家族希望拥有崇高的社区地位和良好的声誉，这促使家族企业在其创新项目中追求高水平的市场导向和质量（Cassia et al.，2011，2012）。

其次，家族的封闭性阻碍开放式创新。家族对外部环境的封闭，将导致对外部创新资源的低倾向运用（Cassia et al.，2012），创新资源主要局限于同水平的伙伴关系（De Massis et al.，2015b）。然而，在某些情况下，这种低水平的开放因为得到了家族内部的决策保护，在一定程度上对创新有积极的影响，从而避免了可能出现的风险，确保了家族企业的竞争优势（Cassia et al.，2012）。

3.3.2 外部环境因素对创新活动的影响

Berchicci（2013）认为企业在不断变化的环境中，更需要进行创新，只有可以不断适应环境变化的企业才可以长久存活下去。家族企业外部环境因素主要是指企业外部的行业、文化、制度政策环境等因素。本书基于家族企业外部的视角，从资源观理论、代理理论和社会情感财富理论三个角度梳理了影响家族企业创新活动的外部环境因素。

（1）基于资源观理论的研究。

首先，行业差异会影响家族企业的信息资源。Berchicci（2013）通过对德国企业进行分析发现，行业的波动会对企业的创新产生一定的影响。如果企业处在信息快速流通的行业中，企业能更及时更新信息，并运用不同的信息源来使企业获得更大的创新能力（Gómez，2016），例如，在高新技术行业中，企业往往会比非高新技术行业的企业具有更强的创新活动能力（Coad，2008），并且企业得益于与网络合作伙伴之间的合作，双方都能相互提供资源，共同分享知识，特别是与技术和市场有关的知识，这些信息往往对家族企业的创新活动有一定帮助（Alberti and Pizzurno，2013）。

其次，政策环境会影响家族企业的人力资源。Cao（2015）通过实证研究发现，独生子女政策的出台，使家族企业在家族继承中面临越来越严峻的人力资本约束，这会严重影响家族企业对继任者的选择，进而会抑制企业的创新活动。

（2）基于代理理论的研究。

研究显示：法律环境会影响企业的代理成本，良好的法律环境会促进企业的创新活动，因为完善的法律可以为企业提供良好的监管（Blind，2012），当家族企业处于多重监管之下时，企业在进行创新活动时会更多地考虑员工、银行等利益相关者的影响（Huang，2016），从而减少管理者在职消费等代理成本，推动企业的创新行为。此外，Moser（2013）认为如果国家制定了专利法，那么法律将会作为一种强制的机制，减轻企业进行新技术创造的风险，从而有助于企业创新能力的提升。

（3）基于社会情感财富理论的研究。

首先，地域文化差异会影响家族企业的创新战略。不同的国家所拥有的不同文化，会直接影响到领导层对公司战略的把握，从而导致企业产生不同的创新战略（Elenkov，2005），影响企业创新活动的杠杆率（Bledow，2011）。在文化差异的背景下，Gundry（2014）发现，比起由男性主导的家族企业，如果家族企业由女性领导，企业往往显得更谨慎，也会不轻易投资高风险项目。

其次，市场经济环境会影响家族企业的创新战略。不同的市场环境会导致家族企业在创新水平上存在差异（Autio，2014）。当企业处于创业环境时，家族企业创业者会倾向于采用探索性的激进式创新战略（Pittino et al.，2009）。

基于此，本书构建了家族企业创新活动影响因素框架图（见图3-3）。

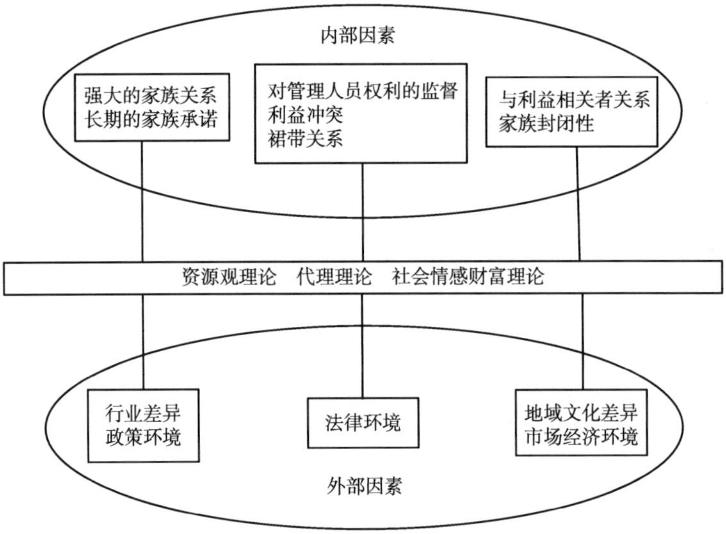

图3-3　家族企业创新活动影响因素框架

3.4　未来研究展望

现有的研究从创新文化、创新团队、创新战略的角度分析了家族企业创新活动的效果，并进一步探讨了内部家族因素和外部环境因素对家族企业创新活动效果的影响。未来的研究可以进一步从以下两个角度展开。

3.4.1 研究内容的拓展

（1）研究家族因素对不同创新活动的影响效果。

立足于对近几年国内外学者关于家族企业创新活动的研究动态发现，目前国内外学者一方面从早期对企业创新活动的整体研究扩展为将企业的创新活动进行细分，逐步将企业的创新活动分为封闭式、开放式、渐进式、激进式等不同的类型。另一方面，近几年国内外学者开始关注家族因素对创新的影响，但是很多学者将企业的创新活动看作一个整体，研究不同的家族因素，如监控管理人员的权力、集体倾向和强大的家族关系等对企业整体创新活动的促进或者抑制作用，很少有学者将两者结合起来，关注和研究不同家族因素分别对不同类型的企业创新活动的抑制或者促进作用所产生的影响。一方面企业的创新活动作为企业持久生命力的源泉，将企业的创新活动进行深入的探究有助于企业挖掘潜在的创新能力；另一方面，家族作为企业的最终控制者，家族的一系列决策将决定着企业未来的走向，不同家族因素对企业创新活动的影响势必会产生不同的作用。因此将两者相结合，研究不同的家族因素对不同类型的创新活动有何影响，将对企业产生重大的影响。

（2）比较研究不同创新活动的绩效。

目前关于家族企业的创新活动研究中，无论是实证研究还是理论研究，往往利用一两个指标对企业的创新活动进行衡量，如 R&D 指标等，但是，De Massis 等（2013）在通过对企业的创新活动进行梳理后提出，企业的创新活动是指创新过程，包括在企业创新文化影响下所形成的创新意愿以及对企业创新进行进一步实施、完善的一系列过程，而不是简简单单地表述为创新投入和创新产出。因此，若仅仅利用一两个指标就完全替代企业创新活动的强弱，从而判断企业创新活动的绩效会有失偏颇。同时，企业研发团队间成员的相互关系、企业的创新文化等较为隐蔽难以衡量的指标对企业的创新活动也会产生重要的影响。若研发团队的成员间处于开放式的企业文化中，彼此能就所获得的信息进行积极有效的沟通，与沟通不顺畅的企业相比企业的创新能力将会有所提升。因此，深入研究企业创新活动，将企业的创新活动进行进一步的细分，才能更全面准确地描述家族企业创新活动的绩效高低。

（3）对创新活动的进一步分类。

在当前的研究中，学者对于企业的创新活动逐渐划分为渐进式和激进式、封闭式和开放式等，并研究不同类型的企业创新活动受到何种因素的影响以及其相互间所产生的创新绩效的高低。但是很少有学者关注不同企业间不同的创新业务流程，如家族企业的投资组合管理，项目管理或导致创新的商业化流程等的差异对企业创新活动的影响（Padilla-Meléndez，Dieguez-Soto and Garrido-Moreno，2015）。不同的创新业务间是否存在不同的影响因素，相互间又如何产生作用，从而带动企业的创新活动呈现出不同的效应，这些问题都值得我们继续进行进一步的研究。因此，未来关于家族企业的创新活动可以深入企业内部，去探究不同的家族企业间创新活动的具体不同流程对于企业创新活动的影响。

（4）对影响因素的进一步研究。

通过梳理近几年国内外学者对家族因素的研究可以发现，目前学者们对于影响家族企业创新活动的因素研究主要集中在家族整体的目标导向、领导风格、家族间的利益冲突和裙带关系等，往往将家族看作一个整体，但却忽略这些家族成员中的每一个单独的个人（Pieper and Klein，2007），即家族成员间的相互作用，如家族内部兄弟姐妹、配偶等“合作者”的相互影响以及其是否对企业的创新活动产生促进或者抑制作用。这些个人在新系统理论中被描述为“人”（Simon，2012），个人在家族企业的公司治理或管理中是否发挥着积极的作用，如家族经理的配偶，他们可能是创新的驱动力。因此，未来我们可以将目光转向家族内部其他成员对企业创新影响的研究。

3.4.2 研究理论的拓展

（1）细化社会情感财富理论的研究。

目前，国内外学者立足于社会情感财富理论对家族企业创新能力的探讨大多沿袭着 Gomez-Mejia（2007）等学者所提出基本解释框架，即认为控制家族对企业的涉入和管理会导致他们产生保护家族成员社会情感财富的意愿，进而探究其对企业创新活动的影响。但值得注意的是，社会情感财富本身所包含维度并不仅仅局限于控制家族对企业的控制力度强弱，还存在其他一些衡量的标准，如家族成员之间的认可程度、控制家族对下一代家族成员的顺利管理所作出的牺牲等，并且社会情感财富中不同的维度间可能存在交互的影响。因此，我们认为，在未来的研究中，我们应该明确社会情感财富的各个维度，并细化衡量社会情感财富的方法，而不仅仅只用控制家族对企业的控制比例或者家族成员占高管团队的比重来衡量，并应该探究不同维度的社会情感财富对创新活动的影响作用。

（2）延伸代理理论的研究。

现有的研究主要关注第一类代理问题对企业创新活动的影响，即研究控股家族和管理层中非家族成员之间的代理问题。但是事实上，控股家族与非控股股东之间也可能存在代理冲突。例如，控股家族可能出于某种目的，放弃具有良好发展前景的创新项目，或者通过关联交易等方式，损害非控股股东的利益。但是在对现有文献进行梳理时发现，学者们对第二类代理问题的关注较少，因此，未来需要延伸第二类代理问题对创新活动影响的研究。另外，现有研究对 CEO 的关注度较为集中，而对控股家族中的其他家族成员关注度较低，既然 CEO 的个人能力、风险偏好对企业制定创新活动的决策会产生一定的影响，那么控股家族中其他家族成员可能也会对企业的创新活动产生一定的影响，这为以后的研究提供了一个新的方向。

（3）拓展资源观理论的研究。

首先，未来可以将家族资源划分为不同的维度，探究其对企业不同类型创新活动的影响，例如，家族成员的个人经历和特征对其所能提供的个人资源都会产生不同的影响，因此未来的研究可以考虑将家族成员按照个人特征等进行划分，探究拥有特殊经历的家族成员对企业创新活动是否具有特殊的影响。其次，由前述的整理和分析可知，控制家族所拥有的资源会对企业的创新活动产生影响，但是，较少学者关注企业的创新活动是否会对企业的资源产生反向的影响，或者其两者之间存在着交互的作用。因此，未来我们也可以研究企业的创新活动是否会对企业的资源产生反向的影响。

基于以上文献的梳理，我们可以构建如图 3－4 所示的家族企业创新活动的整合框架。

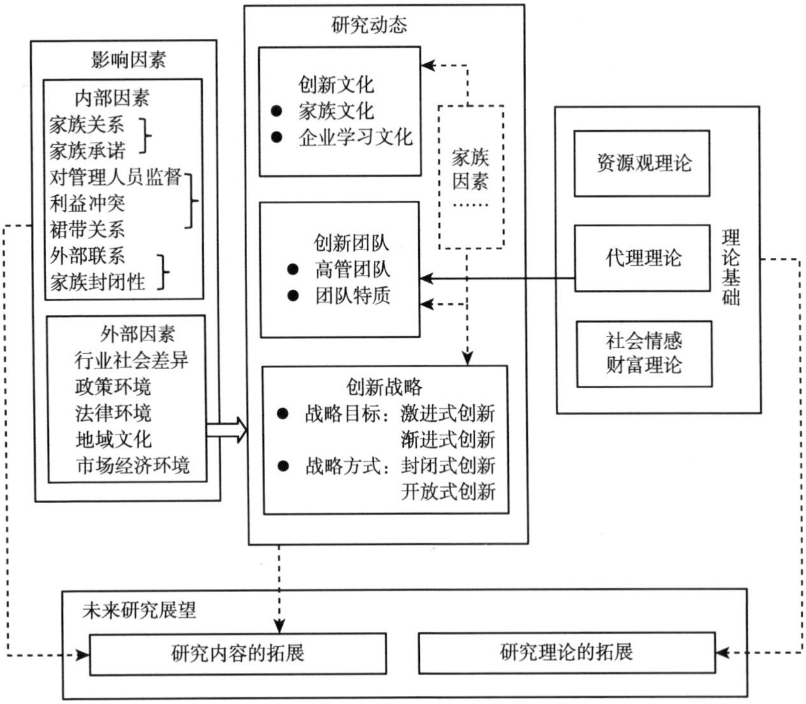

图 3－4　家族企业创新活动的整合框架

注：虚线框表示现有研究没有深入论及、有待后续研究挖掘的主体与方向。

第4章 私募股权投资基金对企业创新影响的理论分析

4.1 私募股权投资与企业创新的国外文献

有的学者认为私募股权投资通过增加研发投入、提供管理经验以及形成投资网络等手段能提升企业技术创新能力。Florida 和 Kenney（1988）认为私募股权投资形成了包含金融机构、大学、大型企业、新创企业等的创新投资网络，促进创新。Kortum 和 Lerner（2000）对美国私募股权投资在推动企业创新方面的作用体现进行了定量研究，结果表明，1983～1992 年，具有私募股权投资背景的企业研发投入增加 3%，促进行业研发投入达 8%，私募股权投资模式能显著改善企业的技术创新能力，相比于无私募股权投资参与的企业，其创新研发投入的强度更高，他们的研究结果与美国技术创新热潮以及私募股权投资的空前繁荣具有密切的关联。Caselli（2008）针对美国市场 396 个样本进行分析，并且探索了私募股权投资对企业技术创新方面的影响，研究结果显示，私募股权投资模式的参与能增加企业的专利数量，促进技术转化，最终推动企业技术创新。Tykvova（2000）利用德国市场数据亦证实了 Kortum 和 Lerner（2000）的结论，但德国风险投资对技术创新的效应远不如美国。较之一般的金融中介，私募股权投资的特殊性在于能为被投资企业提供在管理经验、市场关系等方面的增值服务（Kortum and Lerner，2000）。

而与之相反的是，有的学者则认为私募股权投资并不能促进企业创新和经营绩效。Timmons 和 Bygrave（1986）以 1967～1982 年的拥有风险投资参与的被投资公司作为研究样本，以讨论风险投资是否帮助企业实现了科技创新或其他能力的提升。文章的研究结果表明，对于提升企业科技创新方面，风投并没有显著的贡献，但对于被投资公司在公司治理上的贡献却有重要意义，尤其是对于刚诞生不久的创业企业。

Wang 等（2003）以新加坡 82 家有风险投资支持的与 82 家无风险投资支持的上市公司作为对象，研究结果表明，尽管有风险投资支持的企业 IPO 股票抑价程度更低，但没有发现这些企业有更高的收益、更低的发行成本；同时他们也发现，与无风险投资支持的企业相比，那些有风险投资支持的企业 IPO 时和 IPO 后的经营绩效更差，而且有风险投资支持的企业与无风险投资支持的企业在短期市场绩效和长期市场绩效上没有显著差别。Rosa 等（2003）研究了澳大利亚有风险投资支持企业的 IPO 抑价和长期绩效，从统计上看，有风险投资支持的企业和无风险投资支持的企业的 IPO 抑价没有明显的差别；而且他们在上市 2 年内获得了同样的收益，说明公开上市后的业绩在两者之间也没有明显的不同。Franzke（2003）对德国 1997 ~ 2000 年的 58 家有风险投资支持企业和 108 家无风险投资支持企业 IPO 时的表现进行了比较，研究表明有风险投资支持企业的抑价程度要高于无风险投资支持企业，而且前者在上市前的盈利能力和销售收入远小于后者。Wong（2004）基于中国香港上市公司的研究表明，私募股权投资机构并没有实现认证效应或监督效应下所谓的“增值服务”，其对于企业上市后的经营绩效的正向作用不明显。

4.2 私募股权投资与企业创新的国内文献

在国内，学者们对私募股权投资与企业创新关系研究的关注度日渐提高。

大多数学者认为私募股权投资通过增加研发投入、提供管理经验以及形成投资网络等手段，在路径、机理还有程度上影响企业，促进企业创新。张伟峰（2003）在研究中发现私募股权投资能对企业资源共享和创新模式的效率提升起到推动作用，并且能在一定程度上帮助企业完善内部网络体系，从而增强自身创新和技术转化。党兴华和黄继勇（2004）在对企业私募股权投资和企业创新绩效关系研究中指出，私募股权投资能显著改善企业的技术协同创新能力，增强企业创新绩效，并且降低企业风险。程昆等（2006）从宏观层面分析了专利申请数量与风险投资额以及研发费用之间的关系，结果表明，风险投资对我国技术创新有促进作用，但作用效率与美国存在较大差距。朱孝忠（2008）构建了一个分界模型，从资本增加效应和创新倾向提高效应出发，系统阐述了风险投资对技术创新的作用。

王雷、党兴华（2008）认为，在我国创业投资额与专利授权数、高技术产品出口额、高技术产业工业总产值等具有正相关性。龙勇和杨晓燕（2009）以高技术产品出口额以及专利申请额为指标针对企业的创新能力进行了分析，并且借助实证分析的方式验证了私募股权投资模式上与企业基础创新之间的关系，结果显示两者之间具备正相关性，验证了美国学者 Caselli 的结论正确性。同年，王峻慧（2009）从实证分析的角度对私募股权和企业管理之间的关系进行了研究，结果显示前者能显著改善企业的技术环境，优化内部创新，推动企业技术创新活动的开展。王玉荣等（2009）研究表明，有风险投资背景公司的申请专利数量和研发费用占比均远远高于无风险投资背景公司，而且风险投资股东持股比例与企业技术创新资本强度呈正相关关系，但与企业自主创新效果指标之间呈现不显著的负相关关系。王建梅（2011）在研究中指出私募股权投资对企业科技创新有一定的推动力，为此要不断完善当下我国在私募股权投资领域的制度体系，从而为更好地发挥出私募股权投资的推动作用创造条件。

赖继红（2012）通过构建效用理论模型，分析了私募股权投资对公司创新以及产生的社会经济效应，两阶段的实证分析发现，私募股权投资对企业创新行为的影响较弱，但企业创新行为对宏观经济的影响较为显著。同年，喜济峰和郭立宏（2012）对我国中小企业私募股权投资现象进行了分析，研究结果发现，高新技术类型的企业在经营过程中会出现资金短缺的现象，而私募股权投资模式能增强企业的科技成果转化，推动企业技术创新。私募股权投资在产出绩效方面更发挥出了长期性的作用，对企业而言能使自身获得良好的增值效应，增强了企业基础创新投资的产值。

周江华（2013）对企业信息网络交流能力强弱与自身创新绩效之间的关系进行了分析，结果显示企业可以借助创新网络资源优化配置的模式增强自身的创新能力。张翔（2013）则对 2009 ~ 2012 年我国中小板上市的企业样本进行了深入研究，结果显示，私募股权投资模式为企业创新提供了充足的资金来源，降低了企业面临风险可能出现的信息不对称性，最终私募股权投资能推动企业的创新，但是这种作用本身具备一定的滞后性。

另外，也有一些学者通过研究得出了相反的结论。谈毅、陆海天、高大胜（2009）在总结中小板整体发展情况的基础上，沿用西方配对实证分析方法，对中小企业板上市公司在各大方面进行配对样本对比检验。结果发现，风险投资在 IPO 抑价、上市费用、研发投入方面并没有显著积极影响；在长期运营绩效、超额收益方面，风险投资参与企业都显著差于无风险投资参与企业。陈见丽（2011）以中国创业板高新技术企业为样本，实证检验了风险投资与技术创新的关系。研究发现，风险投资的参与并不能为高新技术企业带来更多技术创新资源，也不能促使高新技术企业创造更多技术创新成果和效益，风险投资未能促进高新技术企业的技术创新。崔琳珩、顾文博、黄涛（2012）以深交所创业板上市企业作为样本，对上市公司 IPO 抑价率和发行费用占总筹资额比率两个因素进行检验，发现风险投资的参与并未明显降低风险企业 IPO 抑价率和发行费用比率。余劲松、罗雪祝

(2016) 以创业板上市企业为研究样本进行实证检验，研究结果显示，总体来看，私募股权投资并不会提升企业的成长性，但外资背景和国营背景的私募股权投资机构还是能在一定程度上提高企业成长能力。

4.3 家族企业创新的理论争论

4.3.1 家族企业创新投入的争论

Le Breton-Miller 等 (2011) 认为，家族企业创新投资有相互矛盾的证据。目前，家族企业创新投入的文献有三种观点。

(1) 第一类观点认为家族企业的创新投入比较低。越来越多的实证研究表明，家族企业比起非家族企业，其创新投入较少 (De Massis, Di Minin and Frattini, 2015)。

Munari 等 (2010) 对欧洲 1000 家上市公司的研究表明，R&D 投资与家族所有权负相关。Chen 等 (2009) 运用中国台湾电子行业的数据，发现家族所有权与 R&D 投资显著负相关，这说明家族所有权不鼓励高风险的创新投资。Block (2012) 用标准普尔指数 500 的公司做样本，也发现家族控制与创新投入强度方面负相关。Munoz-Bullon 等 (2011) 以加拿大上市公司为样本也发现了家族企业在创新投入程度上较低。Classen 等 (2014)、Gómez-Mejía 等 (2014)、Matzler 等 (2015) 和 Nieto 等 (2015) 的实证研究同样证实了家族企业的创新投入比较低。

究其原因，目前的文献主要有两种看法。首先，家族企业具有保守性。因为创新投入的支出是不能确定收益的费用，家族企业都会趋向于实行较低创新投入的保守的创新战略 (Miller et al., 2011)。其次，家族企业的技术水平相对较低。Munari 等 (2010)、Muñoz-

Bullon 等（2011）指出，家族企业的低技术创新导致其较低的研发强度。

（2）第二类观点认为家族企业的创新投入比较高。Ayyagari 等（2011）对 47 个发展中国家 19000 家企业的实证研究显示，控制性家族可以完善企业的创新活动。家族企业可以比非家族企业更具创新性（Craig and Dibrell，2006；Craig and Moores，2006）。Ashwin 等（2015）、Chen 等（2013）、Gudmundson 等（2003）、Llach 等（2010）、Yoo 等（2015）的实证研究同样认为家族企业的创新投入比较高。

究其原因，目前的文献主要有两种看法。首先，家族企业具有长期导向。Kim 等（2008）对韩国企业的实证研究显示，家族成员更愿意投资于长期的项目，如 R&D。其次，家族创业者具有创新精神。Nicolas Classen 等（2014）认为，以往研究用的数据很多来源于大型上市公司，他们并没有考虑到大型上市家族企业和小型非上市家族企业在创新投入方面的考量可能是不同的，他们基于德国 2087 个中小企业的社区创新调查的数据，发现中小家族企业对于创新投入具有更高的倾向性。

（3）第三类观点是权变观点，对上述争论进行了整合。这种观点认为，家族企业的创新投入水平受到外部因素和内部因素的影响。

首先，外部因素会影响家族企业的创新投入。有研究发现，当供应商议价能力增强时（Kotlar et al.，2014），或当存在成长机会（Choi，Zahra，Yoshikawa and Han，2015），家族企业会提高创新投入。然而，面对外部的仿制威胁（Sirmon，Arregle，Hitt and Webb，2008），或当信贷在经济衰退期间受到约束时（Beneito，Rochina-Barrachina and Sanchis-Llopis，2014），家族企业的研发投入将低于非家族企业。Llach and Nordqvist（2010）发现，相对于竞争者，西班牙家族企业有较高比例的研发人员，但是在经济衰退期时家族企业会对研发人员做较大比例的删减（Llach，Marquès，Bikfalvi，Simon and

Kraus，2012）。

其次，内部因素会影响家族企业的创新投入。Chrisman 等（2012）通过考察美国制造业上市公司发现，家族企业 R&D 投资比非家族企业低；但是，当企业绩效在期望值以上时，与非家族企业相比，家族企业 R&D 投资数量会增加。Schmid 等（2014）通过对德国大型上市公司的调研，发现家族控制与 R&D 投资负相关，但是家族管理与 R&D 投资显著正相关。Schmid，Achleitner，Ampenberger 和 Kaserer（2014）证实家族管理与研发费用有负向关系，然而，当衡量研发人员使用的是自我报告而不是财务报告中的研发信息时，家族管理与研发费用则是正相关。这些发现表明，保守地报告家族企业的研发支出可能导致外部各方低估他们的创新努力，或者家族企业夸大自我报告中的创新投入。

4.3.2 家族企业创新产出的争论

关于家族企业对创新产出的影响，目前的文献有三种观点。

（1）第一种观点认为家族企业有利于增加创新产出。Llach 等（2010）使用西班牙制造业企业的数据，发现家族企业的创新产出强于非家族企业。Lodh 等（2014）通过分析印度 2001 ~ 2008 年 395 家上市公司样本，发现家族所有权与企业创新生产率显著正相关。Lichtenthaler 等（2012）通过研究德国制造业企业样本，发现家族涉入使企业更愿意增强动态创新能力，从而影响创新产出。Liang 等（2013）对中国上市家族企业的研究显示，家族成员进入董事会将强化 R&D 投入与创新绩效的正相关关系，但是家族成员进入管理层将弱化这种正相关关系。Ayyagari 等（2011）发现家族企业比起非家族企业引入更多的新产品。Beck 等（2015）、Block 等（2013）、Gudmundson 等（2003）、Kashmiri 等（2014）、Matzler 等（2015）、Tsao 和 Lien（2013）和 Wagner（2010）的实证研究从不同的视角证实了家族企业有利于增加创新产出的观点。

（2）第二种观点认为家族涉入不利于创新产出。Chin 等（2009）通过分析中国台湾电子行业的数据，发现家族涉入与所获专利的数量和质量显著负相关。Czarnitzki 等（2009）考察了德国制造业企业，发现与家族企业相比，股权分散的企业获得更多专利。Block 等（2013）以标准普尔指数500的公司为样本发现，家族控制对于专利引用的数目具有负面影响，他们认为家族追求的是社会情感财富，是风险厌恶者，会尽量规避高风险的创新计划，因此家族企业趋向于选取对家族财务和控制方面没风险的创新战略。Beck 等（2011）、Chang 等（2010）、Cucculelli 等（2016）和 Kraiczy 等（2015）的实证研究证实了家族企业创新产出比较低的观点。

（3）第三种观点认为家族涉入和创新产出比较复杂，在不同的情景下有不同的结果。Block（2012）发现家族涉入股权和管理对R&D 的生产率没有显著影响。Kraus，Pohjola 和 Koponen（2012）发现，关于创新与绩效的关系，家族企业比非家族企业更受益于组织创新，但更少得益于管理创新。在经济衰退期，家族企业与非家族企业相比减少了产品创新，导致创新产出减少（Llach et al.，2012）。Classen 等（2014）区分各种创新产出的实证结果证实：中小家族企业与过程创新呈显著正相关关系，但产品创新方面表现不佳。Grundström 等（2011）指出：创新性的观点和管理与家族企业没有显著关系。

4.4 私募股权投资对家族企业创新的影响路径

首先，私募股权投资深化了资本市场，改善了家族企业公司融资结构。私募股权投资作为一种直接融资手段，使家族企业在不同的发展阶段中，可灵活地选择该融资方式。这为家族企业提供了发展壮大所急需的营运资金，使家族企业的科研成果和产品得以迅速推广，并且不增加家族企业的负债。这一方面推动了家族企业，特别是高新技术企业技术的创新与产业升级；另一方面，也有助于高新技术企业设计股权激励，以吸引优秀的管理和技术人才，提高家族企业运转效率，从而成功培育核心竞争力，提升企业整体价值。

其次，私募股权投资提高了公司质量，完善了家族企业公司治理水平。私募股权投资可以加强来自家族企业内部的监管，私募股权投资通过聘请高水平的中介机构，或聘请高管人员，通过派出董事、协议约定等方式，参与所投家族企业的经营管理。私募股权投资所拥有的那些熟悉企业管理、营销、财务等方面的专业人士，可为家族企业提供一系列增值服务，促使私募股权投资所投资的家族企业在公司治理水平上得到提高。或者，私募股权投资还会以对企业入股，改变家族企业股权结构的方式进入企业管理层，以此来解决投资企业时的信息不对称问题。私募股权投资进入后，借助其丰富的管理经验和科学的管理方法，提高家族企业公司治理能力的同时，通过健全激励约束机制，进一步增强对家族企业控制人的约束力，有助于高新技术企业的创新与发展。

最后，私募股权投资加速了技术创新，推动了家族企业产业转型升级。私募股权投资优化了资源配置，整合了家族企业传统产业的发展。私募股权投资的一个基本功能就是优化资源配置，促进企业优胜劣汰，提高产业运营效率和运营质量。私募股权投资在选择投资对象时，最为看重的是所投资企业的发展潜力，加之私募股权投资风险承受能力强，因而私募股权投资的一大特点就是甘冒高风险去争取高收益，这一特点也为解决家族高科技企业创业初期所面临的融资难题，提供了最佳选择。与此同时，不同于传统金融机构存在较高的资金杠杆和较大的受监管程度，私募股权投资有着很强的风险管理能力和组合投资能力，因而私募股权投资对风险较高领域有较大的投资倾向，这使企业可以在风险可控的环境下大胆地进行技术研究。最终，私募股权投资通过支持处于起步阶段的高科技企业、高技术产品或并购重组阶段扩张型的家族企业，为他们提供高水准的管理咨询服务和帮助开展促进科技成果市场化推广等一系列经营活动，从而改善了家族企业的资产结构和运营资源，提升了家族企业的经营业绩，推动了家族企业产业转型和升级。

第5章 私募股权对歌尔股份公司创新影响的案例分析

5.1 歌尔股份简介

歌尔股份有限公司（原名为“歌尔声学股份有限公司”）成立于2001年6月，2008年5月在深圳证券交易所挂牌上市。公司于2016年6月起由“歌尔声学股份有限公司”更名为“歌尔股份有限公司”。公司自成立以来，业务实现了高速增长，2016年实现营业收入193亿元，年复合增长率达到44.6%。目前公司拥有员工人数超过38000名，技术人员10000名以上。歌尔为全球客户提供“精密零组件+智能整机”优质产品和解决方案，主要从事微型声学模组、传感器、微显示光机模组等精密零组件，虚拟现实/增强现实、智能穿戴、智能音响、机器人/无人机等智能硬件的研发、制造和销售。在微电声、传感器领域，歌尔占据全球领先地位；虚拟/增强现实领域，歌尔与国际客户达成深度战略合作，2016年中高端产品出货量占全球出货量的70%以上，同时推动组建虚拟现实产业联盟与虚拟/增强现实国家工程实验室，并主导或参与行业标准的制定。目前已在多个领域建立了全球领先的综合竞争力。

歌尔立足潍坊总部和青岛研发基地，进行全球化的研发布局，在美国、日本、韩国、丹麦、瑞典等国家以及北京、青岛、深圳、上海、南京、台湾等地分别设立了研发与销售中心，以声光电为主要技术方向，通过集成跨领域技术提供系统化整体解决方案。在国内北京、上海、深圳、南京等地区设立研发中心，致力于整合全球前沿技术与高端人才资源。歌尔秉持“一站式”服务为客户创造更大价值的理念，深耕产业价值链上下游，已与消费电子领域的国际一流客户达成长期稳定的战略合作关系。从上游的精密元器件、模组，到下游的智能硬件，从模具、注塑、表面处理，到高精度自动线的自主设计与制造，歌尔打造了在价值链高度垂直整合的精密加工与智能制造的平台，为客户提供全方位服务（见表 5－1）。

表 5－1　　歌尔股份公司详情

公司名称	歌尔股份有限公司		
英文名称	Goertek Inc.		
曾用名	歌尔声学		
A 股代码	002241	A 股简称	歌尔股份
证券类别	深交所中小板 A 股	所属东财行业	电子元件
上市交易所	深圳证券交易所	所属证监会行业	制造业－计算机、通信和其他电子设备制造业
总经理	姜龙	法人代表	姜滨
董秘	贾军安	董事长	姜滨
证券事务代表	贾阳	独立董事	夏善红，肖星，王田苗
联系电话	0536－8525688	电子信箱	ir@ goertek. com
传真	0536－8525669	公司网址	www. goertek. com
办公地址	山东省潍坊高新技术产业开发区东方路 268 号	注册地址	山东省潍坊高新技术产业开发区东方路 268 号
区域	山东	邮政编码	261031
注册资本	32. 5 亿元	工商登记	91370700729253432M
雇员人数	39328	管理人员人数	20

资料来源：巨潮资讯网，2018 年 2 月。

歌尔股份在创立之时就被烙上了“姜滨家族”的印记。在歌尔股份中，姜滨和姜龙是兄弟关系，姜滨和胡双美是夫妻关系。姜滨的专长是专业技术和对行业的熟知，其妻子胡双美则主要负责市场和企业运营管理等事务，具有清华大学、人民大学、美国马里兰大学求学背景的弟弟姜龙在 2004 年加入歌尔股份，担任副董事长、副总经理，负责的业务是市场、销售和企业管理，主要专注于海外市场中的相关事务。如今歌尔股份的实际控制人是姜滨和胡双美夫妇，姜滨先生现任公司董事长；胡双美女士现任公司副总裁。图 5－1 为姜滨胡双美夫妇所拥有的公司股份。

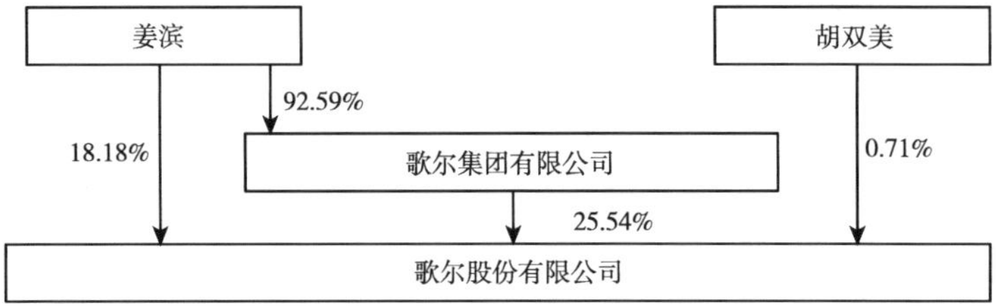

图5-1　歌尔股份实际控制人情况

资料来源：歌尔股份2016年年报，第42页。

5.2　歌尔两次私募股权投资实施过程

5.2.1　私募股权投资首次进入歌尔股份

（1）歌尔首次非公开发行的背景。

因受到金融危机的影响，在2009年的上半年全球经济增长放缓，消费电子相关产业处于低迷状态。在2009年下半年，随着去库存化的结束，全球经济复苏逐渐恢复正常，公司订单数量逐季回升，与国际大客户合作不断深入，2009年第三季度单季度营业收入达到3.55亿元，同比增长13.78%。随着电声元器件产业产能进一步向中国转移，公司赢得较好的历史发展机遇，现有的生产规模难以满足公司业务增长需要，在产品技术不断提升的同时，亟须进一步扩大公司产能，以保持公司竞争优势，促进公司健康、快速的发展。

（2）歌尔首次非公开发行的目的。

歌尔本次非公开发行股票募集到的资金将用于微型数字麦克风技改项目、手机用微型扬声器/受话器技改项目、数字音频产品技改项目以及LED封装技改项目。通过上述项目的实施与改造，将进一步丰富公司产品线和优化产品结构，提升工艺技术水平和单位产品附加值，巩固市场竞争地位，从而全面提高公司市场竞争力。

（3）歌尔首次非公开发行的概况。

本次发行的股票全部采取向特定对象非公开发行的方式发行，其为境内上市人民币普通股（A 股），每股面值人民币 1 元。公司非公开发行的股票合计不超过 2800 万股（含 2800 万股），若本公司股票在定价基准日至发行日期间除权、除息的，将会对股票的发行数量进行相应调整。本次发行的股票发行价格根据以下原则确定：发行价格不低于公司第一届董事会第二十五次会议决议公告前 20 个交易日公司股票交易均价的 90%，即 19.16 元/股。限售期为发行对象认购的股票自发行结束之日起，十二个月之内不得进行转让。截至 2010 年 9 月 29 日，公司实际已向特定对象非公开发行 1579.1275 万股新股，每股发行价为 33.01 元，募集资金总额为 521269987.75 元，最终的发行概况如表 5－2 所示。

表 5－2　　歌尔股份首次非公开发行概况

发行证券的类型	人民币普通股
发行数量	1579.1275 万股
证券面值	1.00 元
发行价格	33.01 元/股
募集资金量	521269988 元
发行费用（包括承销保荐费、律师费用、审计师费用等）	15050000 元
发行价格与发行底价（12.71 元）相比的比率	259.72%
发行价格与发行日（2010 年 9 月 20 日）前 20 个交易日均价相比的比率	96.09%

资料来源：歌尔声学．向特定对象非公开发行股票发行情况及上市公告书．2010－10.

（4）发行对象情况。

根据《上市公司证券发行管理办法》《上市公司非公开发行股票实施细则》和中国证监会关于非公开发行股票的其他规定以及公司确定的本次非公开发行的原则，歌尔股份本次非公开发行的对象有：西安国际信托有限公司、华商基金管理有限公司、张盛林、嘉实基金管理有限公司、易方达基金管理有限公司。发行对象认购本次发行股份情况如表5-3所示。

表5-3　歌尔股份首次非公开发行认购对象概况

序号	名称	配售数量（万股）	申报价格（元/股）	申报数量（万股）	配售金额（万元）	限售期（月）
1	西安国际信托有限公司	160	35.11	160	5281.60	12
2	华商基金管理有限公司	500	34.71	500	16505.00	12
3	张盛林	190	34.71	190	6271.90	12
4	嘉实基金管理有限公司	500	33.01	500	16505.00	12
5	易方达基金管理有限公司	229.1275	33.01	280	7563.50	12
合　计		1579.1275		1630	52127.00	

资料来源：歌尔声学．向特定对象非公开发行股票发行情况及上市公告书．2010-10.

（5）募集资金用途。

歌尔股份首次非公开发行股票募集资金拟用于微型数字麦克风技改项目、手机用微型扬声器/受话器技改项目、数字音频产品技改项目以及LED封装技改项目。首次非公开发行股票募集资金用途如表5-4所示。

表5-4　歌尔股份首次非公开发行股票募集资金用途

项目名称	项目实施主体	募集资金拟投资额（万元）
微型数字麦克风技改项目	歌尔声学股份有限公司	14941
手机用微型扬声器/受话器技改项目	歌尔声学股份有限公司	18473
数字音频产品技改项目	潍坊歌尔电子有限公司	13997
LED封装技改项目	歌尔声学股份有限公司	4716
合　计		52127

资料来源：歌尔声学．向特定对象非公开发行股票发行情况及上市公告书．2010-10.

项目投产后，公司业务结构将得到优化，随着项目效益的逐步显现，公司的营业收入和盈利能力进一步提升。由于募集资金投资项目的效益在达产前一般呈分阶段逐渐递增趋势，因此短期内可能会导致净资产收益率的下降。但从长远来看，有助于公司维持较高的盈利能力。项目完成后，将进一步丰富公司产品种类，微型数字麦克风、手机用微型扬声器/受话器、高保真数字无线耳机等高附加值产品的推陈出新也有助于稳定公司的毛利率水平；LED 封装技改项目建设，标志着公司突破声学业务领域，进入市场前景更为广阔的光电业务领域。

截至 2011 年 12 月 31 日，本次非公开发行募集资金的募投项目建设已全部完成。2012 年募集资金专户只发生少量的利息收入和账户管理费。截至 2012 年 12 月 31 日，募集资金专项存储账户均已注销，余额已转入非募集资金账户补充流动资金。

5.2.2　私募股权投资第二次进入歌尔股份

（1）歌尔第二次非公开发行股票的背景。

全球经济在经历了低迷状态之后，消费电子等相关行业在 2010 年全球经济复苏影响下逐渐步入正轨，手机、笔记本电脑、液晶电视机等 3C 产品的需求逐步回升，带动了电声器件及电子配件的发展。与此同时，随着公司大客户战略的积极推动，企业技术和产品的开发能力不断增强以及首次私募股权投资项目的达产，公司获得了更多的消费类电子行业国际产能转移所带来的新增订单，使公司新达成的项目充分发挥自身技术优势，规模效益进一步提升。而且公司在其他新增的电子配件等产品中的收入也有了较大幅度的提升。2010 年公司实现营业收入 26.45 亿元、净利润 2.95 亿元，分别同比增长 134.70%、171.53%。

在 2011 年上半年，消费电子相关行业继续回温，消费类电子行业国际产能进一步向中国转移，随着公司在微电声器件及消费类电声产品领域竞争力的不断增强及与国际大客户合作的不断深入，歌尔原有产品及新产品的订单数量不断增加，公司需要进一步扩大产能，以满足业务发展需要，进一步提高公司在全球范围内的竞争优势，因此需要更多的资金注入来更好地促进公司的发展。

（2）歌尔第二次非公开发行的目的。

歌尔股份本次非公开发行股票募集资金将用于微型电声器件及模组扩产项目、高保真立体声耳塞式音频产品扩产项目、智能电视配件扩产项目、家用电子游戏机配件扩产项目、研发中心扩建项目。通过以上项目的实施，将进一步丰富公司产品线和优化产品结构，提升工艺技术水平和单位产品附加值，巩固市场领先地位，从而全面提高公司市场竞争力。

（3）歌尔第二次非公开发行的概况。

截至2012年3月22日止，歌尔再次向特定对象非公开发行的股票数量为9643.4183万股，每股面值为人民币1.00元，每股发行价格为人民24.69元，共募集资金人民币238095.997827万元，扣除发行费用6018.111952万元后，募集资金净额为人民币232077.885875万元，其中，增加股本9643.4183万元，增加资本公积222434.467575万元。本次定向增发股份锁定期为一年，从2012年4月12日到2013年4月11日。非公开发行的详情如表5-5所示。

表5-5　　歌尔股份第二次非公开发行的详情

发行证券的类型	人民币普通股
发行数量	9643.4183 万股
证券面值	1.00 元
发行价格	24.69 元/股
募集资金量	238095.997827 元
发行费用（包括承销保荐费、律师费用、审计师费用等）	6018.111952 元
发行价格与定价基准日（2011年8月19日）前20个交易日交易均价的比率	90%
发行价格与发行日（2012年3月20日）前20个交易日均价相比的比率	92.33%

资料来源：歌尔声学．非公开发行股票之发行情况报告暨上市公告书摘要．2012-4.

（4）非公开发行对象情况。

根据《上市公司证券发行管理办法》《上市公司非公开发行股票实施细则》和中国证监会关于非公开发行股票的其他规定以及歌尔股份确定的本次非公开发行的原则，歌尔股份本次非公开发行的对象有：北京比如教育科技有限公司、中国人寿资产管理有限公司、嘉实基金管理有限公司、南方基金管理有限公司、普宁市信宏实业投资有限公司、泰康资产管理有限责任公司、民生人寿保险股份有限公司、关玉婵、鼎峰创业投资有限公司、上海诺兆投资管理中心（有限合伙）。发行对象认购本次发行股份情况如表 5－6 所示。

表 5－6　　歌尔股份发行对象认购本次发行股份情况

序号	投资者全称	认购价格（元/股）	申购数量（万股）	获配股数（万股）	限售期（月）
1	北京比如教育科技有限公司	24.69	2000	2000	12
2	中国人寿资产管理有限公司	24.69	1000	1000	12
3	嘉实基金管理有限公司	24.69	1260	1260	12
4	南方基金管理有限公司	24.69	1000	1000	12
5	普宁市信宏实业投资有限公司	25.00	1100	1100	12
		24.80	1100		
		24.69	1100		
6	泰康资产管理有限责任公司	24.69	500	500	12
7	民生人寿保险股份有限公司	24.69	600	600	12
8	关玉婵	24.69	500	500	12
9	鼎峰创业投资有限公司	24.69	972	972	12
10	上海诺兆投资管理中心（有限合伙）	24.69	720	711.4183	12
合　计			9652	9643.4183	

资料来源：歌尔声学．非公开发行股票之发行情况报告暨上市公告书摘要．2012－4.

（5）歌尔第二次非公开发行募集资金的用途。

歌尔股份本次非公开发行股票募集资金将用于微型电声器件及模组扩产项目、高保真立体声耳塞式音频产品扩产项目、智能电视配件扩产项目、家用电子游戏机配件扩产项目、研发中心扩建项目。本次非公开发行股票募集资金用途具体如表5-7所示。

表5-7 歌尔股份第二次非公开发行募集资金用途 单位：万元

序号	项目名称	项目实施主体	项目总投资额	计划使用募集资金	项目备案情况
1	微型电声器件及模组扩产项目	歌尔声学	80386	62856	1107060044
2	高保真立体声耳塞式音频产品扩产项目	歌尔声学	85278	70499	1107060043
3	智能电视配件扩产项目	歌尔声学	50886	43739	1107060046
4	家用电子游戏机配件扩产项目	潍坊歌尔	55799	39080	1107090018
5	研发中心扩建项目	歌尔声学	15152	14922	1107060045
合 计		—	287501	231096	

资料来源：歌尔声学.非公开发行股票之发行情况报告暨上市公告书摘要.2012-4.

截至2015年12月31日，微型电声器件及模组扩产项目、高保真立体声耳塞式音频产品扩产项目、智能电视配件扩产项目、研发中心扩建项目建成并达到预期效益，家用电子游戏机配件扩产项目在实施过程中受公司核心客户产品变化影响，投资进度适度放慢，为顺应市场变化，提高募集资金的使用效率，而增强公司的盈利能力，提升公司经营业绩，更有效地回报股东，经2016年第一次临时股东大会审议通过，公司决定终止该募投项目的实施，将剩余募集资金196655877.31元永久补充流动资金。

5.3 私募股权投资对于家族企业创新的影响

私募股权投资从2010年进入歌尔股份，直至2015年最后一个项目因某些因素而终止，最终退出了歌尔股份。截至2010年9月，私募股权投资首次进入歌尔股份，向特定对象非公开发行1579.1275万股新股，募集资金总额为 521269987.75 元，用于微型数字麦克风技改项目、手机用微型扬声器/受话器技改项目、数字音频产品技改项目以及 LED 封装技改项目的建设；截至 2012 年 3 月，私募股权投资基金第二次进入歌尔股份，向特定对象非公开发行的股票数量为 9643.4183 万股，共募集资金人民币 238095.997827 万元，使微型电声器件及模组扩产项目、高保真立体声耳塞式音频产品扩产项目、智能电视配件扩产项目、研发中心扩建项目达到了预期效益。通过上述达成的项目，我们可以看出，私募股权基金的进入为歌尔提供了相应的资金，进一步提升了产品技术水平，扩大生产规模，提高市场占有率，满足日益增长的订单需求，促进了公司更好的发展。但是私募股权的进入是否会影响家族企业的创新能力，本案例将以歌尔股份为例从以下两个方面来分析私募股权的进入对于家族企业创新的影响。

5.3.1 私募股权的进入对于歌尔股份专利申请数量的影响

发明专利申请数量从 2008 年的 20 项增长到 2016 年的 1190 项，增长私募股权进入歌尔股份的时间是 2010 ~ 2015 年，由表 5 - 8 可知，歌尔股份 2008 ~ 2016 年报告期的专利申请数量从 65 项增长到 2669 项，2016 年的专利申请数量提高了将近 60 倍。在表 5 - 2 中的阴影部分表示的是私募股权投资存在于歌尔的时间，我们可以看出，在 2008 年和 2009 年，公司不存在私募股权投资时，无论是专利申请量和发明专利申请量都是相对比较低的，在 2010 ~ 2013 年四年的时间内，两者的数量有了较大的增加，专利申请量从 159 项增长到了 861 项，增加了 702 项；发明专利申请量从 43 项增长到 353 项，增加了 310 项；两者的增加量相比 2008 年和 2009 年时有了比较大的提升（见图 5 - 2）。排除其他因素，相比近年来歌尔股份的专利申请量和发明专利申请量可以得出私募股权投资对企业的专利申请量也有着一定的促进作用。

表 5－8　歌尔股份近年来专利申请量和发明专利申请量

年份	2008	2009	2010	2011	2012	2013	2014	2015	2016
报告期申请专利数量（项）	65	102	159	206	533	861	1093	1904	2669
申请发明专利的数量（项）	20	21	43	55	180	353	467	743	1190
发明专利申请量与专利申请量的比率	31%	21%	27%	27%	33%	41%	42%	39%	45%
专利申请量的增长率		57%	56%	30%	159%	62%	27%	74%	40%
发明专利申请量的增长率		5%	105%	28%	227%	96%	32%	59%	60%

资料来源：歌尔股份 2008～2016 年年度财务报告。

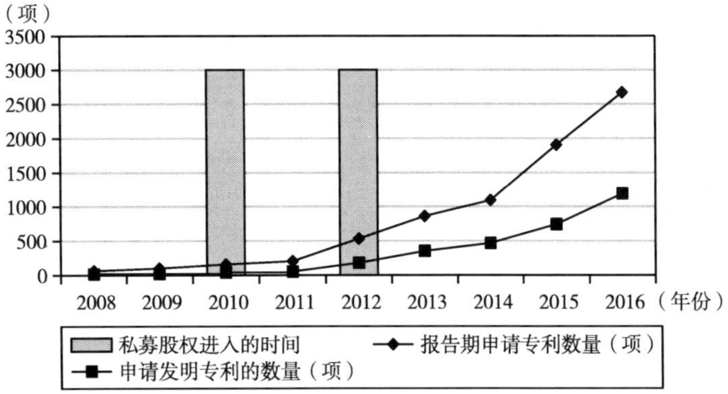

图 5－2　歌尔股份 9 年专利申请量和发明专利申请量折线图

资料来源：歌尔股份 2008～2016 年年度财务报告。

私募股权投资分别在 2010 年和 2012 年两次进入歌尔股份，由发明专利申请量的增长率可以看出，在 2009 年时发明专利的增长率仅为 5%，公司在首次私募股权进入之后发明专利的申请量增长率在 2010 年达到 105%，发明专利的申请量增长率首次超过百分之百；在 2011 年专利申请量的增长率和发明专利申请量的增长率相对较低，但是 2012 年私募股权投资再次进入公司时专利申请量的增长率和发明专利申请量的增长率分别达到了 159% 和 227%，两者在近年来的数据中达到了两种数据的峰值。由图 5－3 两者的变化趋势可以看出，在 2010 年和 2012 年达到两次峰值，增长速度远高于其他年度的增长速度，两者都在 2011 年和 2014 年中增长率回落到最低点，这两年刚好是私募股权投资退出企业的时间，由此可以看出，对于歌尔股份来说，私募股权的进入在一定程度上推动了企业研发活动的开展，提升了企业的研发水平以及新产品、新技术的产生。虽然在 2014 年之后专利申请量的增长率和发明专利申请量的增长率两者增速平平，但是公司的专利申请量以及发明专利的申请量的基数已经达到了相对较高的水平。

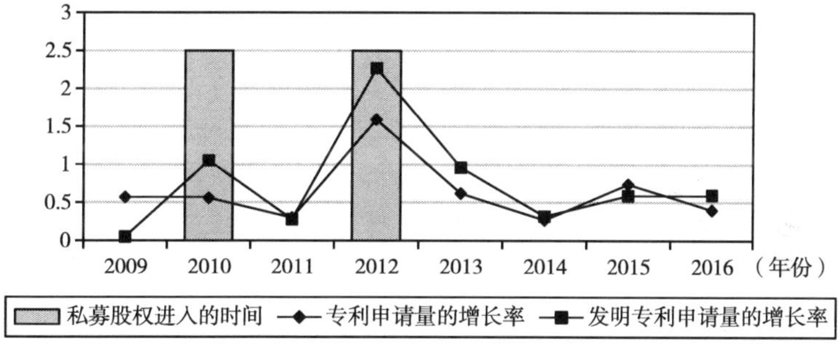

图 5－3　歌尔股份近年来专利申请量增长率和发明专利申请量增长率变化趋势

资料来源：歌尔股份 2008～2016 年年度财务报告。

家族企业的专利申请数和发明专利的申请数是衡量企业技术创新能力的一项重要指标，私募股权基金能给与家族企业更多的资金支持，缓解企业的融资困境，不仅能给企业带来经济层面的支持，还能给家族企业带来更多的人力资源和行业相关前沿信息等资源，提高企业管理水平，提升企业技术创新的动力和资金支持，进而提升企业专利的数量和转化效率。所以私募股权的进入对于家族企业的创新能力有一定的正面效应，能提高家族企业的专利申请数量，以及企业的创新成果。

5.3.2 私募股权投资对于歌尔股份研发投入的影响

研发投入是企业研发活动的经费来源，是衡量企业创新能力的又一项重要指标。由表5－9和图5－4可知，歌尔股份近年来的研发投入一直在大幅度增加，从2008年的4594.46万元增长到2016年的133883.58万元，公司2016年的研发投入是2008年的29倍。在私募股权投资首次进入歌尔股份时，研发投入从2009年的6516.61万元增长到了2012年的12154.05万元，增长了87%，涨幅比较大；在私募股权投资第二次进入歌尔股份时，虽然相比前后几年的研发投入的增长率略低，但是我们可以从表5－9和图5－4中看到，虽然2012年的研发投入相比2011年的研发投入增长不多，但是在2012年的专利申请数量的增长率和发明专利申请数量的增长率达到了近年来的顶峰，并且在2013年和2014年研发投入的资金增长得比较多，可以看出私募股权的进入为家族企业提供了较为充裕的资金，对于企业的科研创新力有比较大的推动力，并且这种推动的效应可能并不会在当年显现出来，会具有一定的滞后性。

表5－9　歌尔股份近年来研发投入与研发人员数量

	2008年	2009年	2010年	2011年	2012年	2013年	2014年	2015年	2016年
研发投入金额（万元）	4594.46	6516.61	12154.05	20179.14	27892.60	45704.53	77336.68	97283.47	133883.58
研发投入占比	4.65%	5.90%	4.71%	5.05%	3.85%	4.55%	6.09%	7.12%	6.94%
研发人员数量							4242	5235	6732
研发人员占比							15.53%	16.52%	17.12%
研发投入增长率		42%	87%	66%	38%	64%	69%	26%	38%

资料来源：歌尔股份2008～2016年年度财务报告。

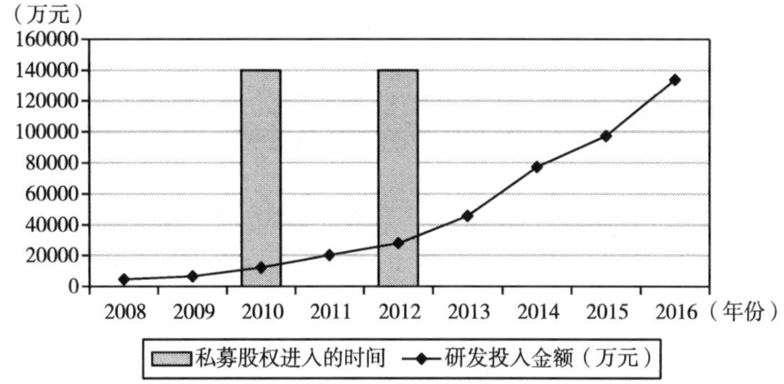

图 5－4　歌尔股份近年来研发投入折线图

资料来源：歌尔股份 2008～2016 年年度财务报告。

在私募股权第二次进入歌尔股份时，其投资的项目中有一个项目是研发中心扩建项目，该项目重点改善研发基础设施，补充研发设备，改进信息化系统，虽然研发中心不会直接产生相关的经济效应，但是研发中心项目将极大提高企业的自主创新能力，提高新产品研制成功的速度，促进研发活动的大力开展，提升企业的竞争力，为企业的持续发展提供强有力的支撑。

提升家族企业的技术创新能力是一场“持久战”，其需要持续不断的资金支持，在我国包括家族企业在内的很多企业都存在研发经费不足的问题，然而私募股权投资的出现能在很大程度上解决企业所存在的融资问题，能有效缓解企业研发投入的困境，并且以长期投资和实现企业增值为主的私募股权投资更加关注企业长远的发展，能改善企业的技术创新环境，为企业的技术创新提供原动力，提升企业科研技术转化为创新成果的效率，最终全面提升企业的创新能力。

5.3.3　歌尔股份近年来的研发创新能力

歌尔股份作为国内电子元器件行业龙头企业，始终秉持做技术创新型高新技术企业的原则，高度重视研发创新。公司管理层积极进取，战略转型方向进一步明确，围绕 Hearable、Wearable、Viewable、Robotics 四大战略优化产业链布局。公司对内加强运营管理，加大技术研发投入，不断提高新产品开发能力；对外深入推进国际、国内大客户拓展，整合全球技术、研发、市场优秀资源，进一步提升公司产品在全球范围内市场竞争力和占有率。2016 年，公司共申请专利 2669 项，其中发明专利 1190 项，获得发明专利授权 243 项。截至 2016 年 12 月 31 日，公司累计申请专利 7856 项，发明专利申请量 3141 项；公司累计授权量 3636 项，发明专利授权量 543 项，体现了公司关键技术人才团队强大的实力。

2017 年中国创新企业百强榜单是由全球智能信息服务提供商科睿唯安发布，旨在通过专业数据和分析，遴选出中国企业的创新引领者。榜单基于对企业发明总量、专利授权率、全球化和影响力四个指标的全面分析，计算整合四个指标的综合得分，遴选出我国最具创新实力的 100 家企业。其中歌尔股份位于电子消费类企业的梯级一等级中，创新实力在行业中名列前茅。

5.4 私募股权投资影响歌尔创新的内在机理

5.4.1 私募股权投资对歌尔创新的直接影响

私募股权投资投入家族企业可以给企业提供所需资金，能有效缓解家族企业的融资问题，改善企业的财务和研发投入的困境。在增加研发投入的背景下，能实施高科技超产品的研发，提升企业科研技术转化为企业创新成果的效率；同时还能建设科研条件更好的研发中心，改善企业的技术创新环境，提升家族企业的技术创新能力。

（1）投资建设高技术产品助推歌尔股份的创新。

私募股权投资两次进入歌尔股份，在这两次中歌尔将募集到的资金分别用在微型数字麦克风技改项目、手机用微型扬声器/受话器技改项目、数字音频产品技改项目、LED 封装技改项目、微型电声器件及模组扩产项目、高保真立体声耳塞式音频产品扩产项目、智能电视配件扩产项目以及研发中心扩建项目等相关项目的改造或者建设中（见表 5－10）。

表 5－10　私募股权投资建设的相关项目

私募股权的批次	建设项目名称
首次私募股权投资进入歌尔	微型数字麦克风技改项目
	手机用微型扬声器/受话器技改项目
	数字音频产品技改项目
	LED 封装技改项目
第二次私募股权投资进入歌尔	微型电声器件及模组扩产项目
	高保真立体声耳塞式音频产品扩产项目
	智能电视配件扩产项目
	研发中心扩建项目

资料来源：歌尔声学．向特定对象非公开发行股票发行情况及上市公告书．2010－10；歌尔声学．非公开发行股票之发行情况报告暨上市公告书摘要．2012－4.

歌尔股份所进行的两次私募股权主要是用于投资高科技产品的技改项目。在首次私募股权投资进入歌尔后进一步加强公司在微型电声元器件的行业领先地位；同时积极响应市场需求，优化公司产品结构；并利用公司现有的技术、工艺优势和大客户优势，拓展 LED 相关业务领域，为公司的持续成长提供有力保障。同时，随着公司规模扩大，资本实力增强，可显著提高公司的抗风险能力。在第二次私募股权投资进入歌尔微型电声器件及模组扩产项目实施后，提高了公司高端微型电声产品的产能，满足了快速增长的市场需求，该类产品的市场占有率得到较大提高，进而增强公司在高端微电声应用领域的核心竞争力；高保真立体声耳塞式音频产品扩产项目可以实现原有产品的技术升级和产能扩张，并导入新的高保真立体声耳塞式音频产品，主要应用于智能手机、平板电脑等消费类电子产品的配件；公司计划实施智能电视配件扩产项目，对现有主动式 3D 眼镜产品进行技术升级和产能扩张，并导入智能数字机顶盒产品，提升公司在智能电视配件领域的竞争优势。歌尔运用私募股权基金对高科技产品项目进行技改和建设，公司主营产品的技术水平将得到进一步提升，提高了技术创新转化为科技成果的效率，有助于公司充分利用整体竞争优势，形成新的利润增长点，从而进一步增强公司的核心竞争力，保证公司未来的可持续发展。

（2）企业专利的产生促进歌尔股份的创新。

企业的专利申请数和发明专利的申请数不仅是衡量企业技术创新能力的一项重要指标，而且是提升企业创新能力的一种途径。在图 5－5 中可以看出歌尔股份近年来的专利申请量和发明专利申请量是持续高速增长的，其在一定程度上反映了企业技术创新能力的提升。由图 5－5 专利申请量和发明专利申请量的增长率两者的变化趋势可以看出，在 2010 年和 2012 年达到两次峰值，增长速度远高于其他年度的增长速度，两者都在 2011 年和 2014 年中增长率回落到最低点，这两年是私募股权投资退出企业的时间，由此可以看出，对于歌

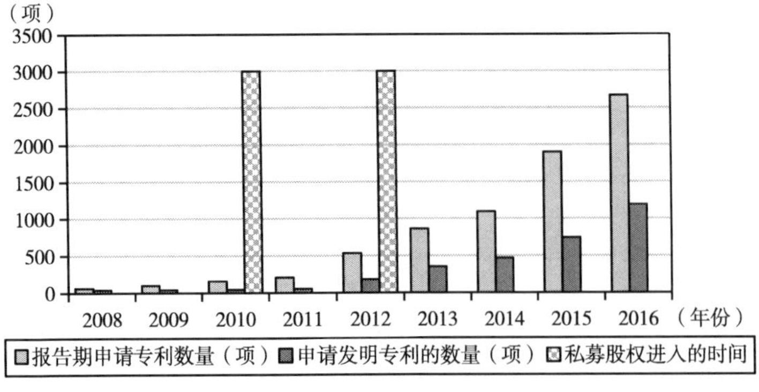

图 5－5　歌尔股份近年来专利申请量和发明专利申请量

资料来源：歌尔股份 2008～2016 年年度财务报告。

尔股份来说，私募股权的进入在一定程度上推动了企业研发活动的开展，提升了企业的研发水平和新产品、新技术的产生，这些新产品和新技术的出现促进了专利数量的增多，从而提升了家族企业的创新能力。

5.4.2 私募股权投资对歌尔创新的间接影响

私募股权投资进入歌尔股份，通过对公司中研发技术的提升和研发环境的改善，提升企业的管理效率，对企业的技术创新环境进行升级，进而带动企业的技术创新活动的开展和进行。

（1）扩建研发中心改善歌尔股份的技术创新环境。

公司自成立以来持续注重技术研发和创新能力建设，立足潍坊总部和青岛研发基地，进行全球化的研发布局，在美国、日本、韩国、丹麦、瑞典等国家以及北京、青岛、深圳、上海、南京、台湾等地分别设立了研发中心，以声光电为主要技术方向，通过集成跨领域技术提供系统化整体解决方案。在国内北京、上海、深圳、南京、台湾等地区设立研发中心，致力于整合全球前沿技术与高端人才资源。

歌尔股份在第二次进行私募股权投资时，歌尔股份对公司的研发中心进行了扩建，重点改善研发基础设施，补充研发设备，改进信息化系统。虽然扩建研究中心并不能直接产生经济效益，但是将极大提高企业的自主创新能力，为企业的持续发展提供强有力的支撑。企业新产品研发和老产品更新换代的速度，会直接影响企业的竞争力，扩建研发中心，将大大提高新产品研制成功的速度，缩短新产品的研制周期，加快新产品上市的步伐，使企业在竞争中获得先机。同时，扩建研发中心将完善公共研发服务平台建设，为区域内企业提供技术支持和服务，带动区域内产业技术升级，推动区域产业结构调整。研发中心扩建项目的实施，将进一步增强公司在创新、研发、设计、制造等方面的综合竞争优势，提升公司的研发实力和整体运营能力，巩固公司在声光电领域作为整体解决方案提供商的核心竞争地位，为公司始终保持快速发展提供动力。

（2）改善公司治理环境进而促进歌尔股份的创新。

①私募股权的进入对于公司经营业务的影响。

对于歌尔股份两次募集资金投资项目的建设，将进一步加强公司在微型电声器件的行业领先地位；积极响应市场需求，优化公司产品结构，并利用公司现有的技术、工艺优势和大客户优势，拓展智能电视和家用电子游戏配件等相关业务领域，为公司的持续成长提供有力保障。同时，随着公司规模扩大，资本实力增强，有助于公司充分利用整体竞争优势，形成新的利润增长点。项目投产后，公司主营产品的技术水平将得到进一步提升，从而进一步增强公司的核心竞争力，保证公司未来的可持续发展。

②私募股权的进入对于资产结构的影响。

在私募股权投资进入企业之后，歌尔股份净资产增加，偿债能力将有所加强，资产结构得到进一步改善公司资产负债率将因此而大幅度下降。在首次 PE 之后，公司合并报表的资产负债率将由 57.78% 降为 47.73%。在第二次 PE 之后，公司资产负债率（合并）由 60.97% 降至 43.04%。

③私募股权的进入对于歌尔股份财务状况的影响。

首先，提升了歌尔的盈利能力。公司通过技术研发和创新，根据市场的需求，利用自身优质的客户资源，不断开发和推出新产品，为公司未来的可持续发展提供了保障。相关的项目投产后，公司业务结构将得到优化，随着项目效益的逐步显现，公司的营业收入和盈利能力也将得到进一步提升。

其次，有效改善现金流状况。在公司生产经营规模不断扩大，加大对机器设备、土地、厂房等长期资产的投入，公司投资活动产生的现金流量净额为负数的背景下，由于处于公司的高速成长期，对于资金的需求量愈发增大，并且随着与大客户合作的不断深入和相关产品领域的拓展，公司现有的生产规模难以满足业务快速增长需求。在发行了私募股权之后，公司的融资结构得以优化，现金流状况也进一步改善，有利于公司生产经营的稳定和发展战略的推进。

私募股权投入歌尔股份在不改变公司控股股东和实际控制人的前提下，提高了社会公众投资者的持股比例，使企业股权结构更趋合理，有利于公司治理结构的进一步完善。在项目投产后，公司主营产品的技术水平得到了较大的提升，从而进一步增强公司的核心竞争力，提升歌尔的盈利能力，有效改善现金流状况，保证公司未来的可持续发展。并且更多的投资者参与公司非公开发行并成为公司股东，来自投资者的监督更加严格，同时也将给公司带来新的管理理念和科学的管理方法，更有利于公司规范治理。

5.5　结　　论

本章以歌尔股份所进行的两次私募股权融资为例，探究私募股权投资对于家族企业创新的影响，以及私募股权对于家族企业创新的直接影响和间接影响。进入歌尔股份的私募股权多为民营机构，且所占份额比较小，但是通过对歌尔股份近些年来专利申请数量、发明专利申请数量、研发投入和企业的研发创新能力的分析，发现在私募股权进入的年度专利申请数量的增长率以及发明专利申请数量的增长率达到相对峰值，增长速度远高于其他年度的增长速度；研发投入是企业研发活动的经费来源，是衡量企业创新能力的一项重要指标，在私募股权进入期间也相应地增加了研发费用的投入；并且歌尔股份作为国内电子元器件行业龙头企业，始终秉持做技术创新型高新技术企业的原则，高度重视研发创新，在 2017 年中国创新企业百强榜单中，歌尔股份位于梯级一等级，在消费电子行业中，创新能力名列前茅。所以私募股权基金作为资本市场日渐活跃的融资途径，它的进入能够给予家族企业更多的资金支持，缓解企业的融资困境，提升企业技术创新的动力和资金支持，进而提升企业专利的数量和转化效率，增强公司的核心竞争力，提高企业管理水平，提升歌尔的盈利能力，有效改善现金流状况，保证公司未来的可持续发展。由此可见，私募股权的进入对于家族企业的创新来说存在正面效应，能够促进家族企业的创新。

第6章 海特高新引入私募股权基金的案例分析

6.1 公司简介

四川海特高新技术股份有限公司（2004 年 7 月上市，股票代码：002023，以下简称海特高新）是我国现代飞机机载设备维修规模大、维修设备全、用户覆盖面广的航空维修企业，也是中国第一家综合航空技术服务类上市公司。公司成立于 1991 年，以成都维修基地为中心，先后在武汉、上海、昆明、贵阳、天津、新加坡、景德镇等地设立 10 余家子公司和工作站，拥有各类工程技术人员 900 余人、各类先进设备仪器 1000 余台。

公司主营业务为：航空新技术研发与制造、航空维修、航空培训、航空租赁、微电子五大板块。目前，“海特”已成为国内航空服务领域知名品牌。作为国内第一家走出海外的投资项目——新加坡 AST 公司，“海特”品牌的海外影响力不断提升。“海特”商标被四川省工商行政管理局认定为“四川省著名商标”。截至目前，公司获得授权实用新型专利 78 项，授权外观设计专利 7 个，授权发明专利 3 项。2015 年，公司“某型发动机工程”荣获国家工信部“国防科学技术进步奖”，获奖等级为一等奖。公司获得四川省人民政府核定的“四川省企业技术中心”。

海特高新的实际控制人是李再春家族，包括父亲李再春、儿子李飙和儿子李刚。2014 年，李再春把海特高新的实际控制权传给儿子李飙。

6.2 公司引入私募股权机构的历程

在海特高新 2010 ~ 2015 年的三次非公开增发股票中，共有三家私募机构认购，认购情况总结如表 6－1 所示。第一次 2010 年非公开增发，江苏瑞华和上海德润两家私募机构分别认购 350 万股、900 万股，共投资金额 1940 万元；第二次 2013 年非公开增发，华宝信托认购 1550 万股，投资 15314 万元；第三次 2015 年非公开增发，华宝信托认购 906 万股，投资金额 18118.1 万元。

表 6－1　三次私募股权进入情况

	私募机构	私募机构认购股份	发行价格	私募金额
2010 年非公开增发	江苏瑞华投资发展有限公司	350 万股	15.52 元	54320000 元
	上海德润投资有限公司	900 万股	15.52 元	139680000 元
2013 年非公开增发	华宝信托有限责任公司	1550 万股	9.88 元	153140000 元
2015 年非公开增发	华宝信托有限责任公司	906 万股	20 元	181181000 元

资料来源：海特高新非公开发行股票上市公告书（摘要）。

6.2.1　第一次非公开募股

本次非公开发行新股 2270 万股，发行价格 15.52 元每股，于 2010 年 3 月 17 日在深交所上市。在本次发行中，投资者认购的股票限售期为 12 个月。本次发行募集资金总额为 35230.40 万元，扣除发行费用 1715.27 万元，募集资金净额为 33515.13 万元。本次发行对象共 5 名，其中，江苏瑞华投资发展有限公司和上海德润投资有限公司两家知名私募机构大比例认购。江苏瑞华认购了 350 万股，上海德润认购了 900 万股，两者合计认购了海特高新 1250 万股。所以本次发行中私募股权投资占增发总股份数的 55.07%。

本次募集资金将用于各投资项目建设，其具体备案情况如表 6－2 所示。据中国财经网的报道：海特高新称，上述三个项目将增强公司的综合实力，通过一体化的综合服务来更好地绑定客户，拓展维修市场，增强与客户的价格谈判能力，并抵御经济周期波动的影响。同时，将加强公司的机载设备维修业务，提升公司机械类机载设备的技术水平和维修能力。

表 6－2　　2010 年资金用途备案　　单位：万元

序号	项目名称	项目总投资	其中：固定资产投资额	募集资金投资额	完成全部投资计划时间
1	民用航空模拟培训基地项目	13860.08	11370.83	13860.08	36 个月
2	航空器材维修交换、租赁一体化项目（一期）	12776.00	12000.00	12776.00	24 个月
3	空客系列飞机机械类机载设备维修生产线技术改造项目	6888.00	4935.00	6888.00	36 个月
合　计		33524.08	29081.83	33524.08	

资料来源：海特高新非公开发行股票上市公告书（摘要）。

6.2.2　第 2 次非公开募股

本次非公开发行新股 4181 万股，发行价格 9.88 元每股。本次发行募集资金总额为 41308.28 万元，扣除发行费用 1308.5 万元，募集资金净额为 39999.78 万元。本次发行对象共 5 名，其中，华宝信托有限责任公司是私募机构，此次私募股权为 1550 万股，总金额 15314.00 元。本次发行中私募股权投资占增发总股份数的 37.07%。

本次募集资金将用于各投资项目建设，其具体备案情况如表 6－3 所示。这些项目有助于拓展航空新技术研发制造、航空培训及其配套服务等业务，在天津地区建设航空综合服务基地将为公司开拓新业务提供有力保障，从而进一步完善公司的产业链。

表 6－3　　　　　2013 年资金用途备案　　　　　单位：万元

序号	项目名称	项目总投资	其中：固定资产投资额	募集资金投资额
1	天津海特飞机维修基地建设项目	25290.87	23919.97	25290.87
2	航空动力控制系统研发及生产技术改造项目	7842.88	6436.37	6843.96
3	民用航空模拟培训基地模拟机增购项目	7865.17	7200.00	7865.17
合　计		40998.92	37556.34	40000.00

资料来源：海特高新非公开发行股票上市公告书（摘要）。

6.2.3　第 3 次非公开募股

本次非公开发行新股 82820233 股，发行价格 20.00 元每股，本次发行募集资金总额为 1656404660.00 元，扣除发行费用 40157164.18 元，募集资金净额为 1616247495.82 元。华宝信托有限责任公司是私募机构，是第二次认购海特高新的股权，此次认购 9059050 股，认购总金额 181181000.00 元。本次发行中私募股权投资占增发总股份数的 10.94%。

本次募集资金将用于各投资项目建设，其具体备案情况如表 6－4 所示。据中国财经网的报道，海特高新表示，此次定增将主要投向如下几个项目，分别为天津海特飞机维修基地 2 号维修机库建设项目、新型航空动力控制系统的研发与制造项目、新型航空发动机维修技术开发和产业化项目、天津飞安航空训练基地建设项目。项目建成后，公司将提升和拓展整机维修能力、航空动力控制系统研发和生产能力、航空发动机维修能力以及航空培训业务能力，从而进一步扩大公司规模优势，强化公司在航空技术服务领域的综合竞争优势。

表 6－4　　2015 年资金用途备案　　单位：万元

序号	项目名称	项目总投资	其中：固定资产投资额	募集资金投资额
1	天津海特飞机维修基地 2 号维修机库建设项目	20058.00	16274.59	20058.00
2	新型航空动力控制系统的研发与制造项目	25258.66	15907.50	25258.66
3	新型航空发动机维修技术开发和产业化项目	19267.09	16700.00	19267.09
4	天津飞安航空训练基地建设项目	57041.00	50467.48	57041.00
5	补充流动资金	40000.00	—	40000.00
合　计		161624.75	99349.57	161624.75

资料来源：海特高新非公开发行股票上市公告书（摘要）。

6.3　私募股权基金对海特高新创新的影响分析

6.3.1　通过增加研发投入促进创新

私募股权能将大量资金注入企业，从而使企业有能力增加研发投入，雇佣更多的研发人员与技术人员。表 6－5 列举了 2009～2016 海特高新部分创新指标，可以明显看出，研发投入、研发投入占比、技术人员、技术人员占比都呈上升趋势。其中，2010 年、2013 年、2015 年这三年都是私募股权进入的时间点，这三年的研发投入与技术人员数量等指标也相对比较突出，这也印证了私募股权能通过增加研发投入，来促进企业的创新。

表 6－5　　2009～2016 年部分创新指标

	2009 年	2010 年	2011 年	2012 年	2013 年	2014 年	2015 年	2016 年
研发投入（万元）	1361.67	1432.46	1466.99	1845.64	3205.97	2919.71	4170.24	9354.52
营业收入（万元）	22854.71	20759.74	23235.92	29588.42	43138.86	50180.15	42852.68	49474.76
研发投入占比	5.96%	6.90%	6.31%	6.42%	7.43%	5.82%	9.73%	18.91%
技术人员（人）	—	—	—	—	88	101	106	302
在册员工总数（人）	536	551	564	564	567	703	731	811
技术人员占比	—	—	10%	10%	15%	14%	14%	37.20%
专利数量	6	3	6	0	6	6	3	5

资料来源：同花顺数据中心。

6.3.2　通过投资项目提升创新绩效

在海特高新 2010～2015 年的三次非公开增发股票中，共有三家私募机构认购。私募股权投资资金用于公司的各项项目投资建设，这些项目涵盖了企业的经营、发展、创新等各个方面，所以说，私募股权投资能促进企业创新，对企业长期价值的提升具有很大意义。

从年报中总结，海特高新 2010～2015 年的无形资产情况如表 6－6 所示，表中显示其无形资产呈增加趋势。这一定程度上表明企业创新能力的提升。另外，从中国专利网中查询到企业 2008～2017 年开始获得了各项专利，大多都是航空设备相关的实用新型专利。具体专利申请如表 6－7 所示。这些专利的申请，表明 2008～2017 年企业的创新十分突出，这离不开各个投资项目建设，也离不开用于项目投资的资金注入。

表 6-6　　海特高新 2010～2015 年无形资产情况

	2010 年	2011 年	2012 年	2013 年	2014 年	2015 年
无形资产	104200307.69	10916807.69	164854998.09	166128394.84	141011649.14	159894781.68
专利权	—	—	—	—	3700900.00	3700900.00
非专利技术	10568100.00	10568100.00	10568100.00	10568100.00	686200.00	686200.00

资料来源：海特高新年报公告。

表 6-7　　海特高新申请专利情况

专利类型	申请号/专利号	发明名称	申请日
实用新型	2008201407778	机载设备综合检测系统	2008/10/17
实用新型	2009203146777	发电机控制组件测试装置	2009/11/13
实用新型	2009203151120	燃油加载选择指示器测试台	2009/11/18
实用新型	2009203151116	机载设备综合检测系统	2009/11/18
实用新型	2009203150467	风切变雷达测试装置	2009/11/18
实用新型	2009203151826	电气测试装置	2009/11/19
实用新型	2009203151493	音频控制面板测试台	2009/11/19
实用新型	2010206020504	APU 起动机测试系统	2010/11/11
实用新型	2010206024469	中央综合显示部件检测系统	2010/11/12
实用新型	2010206023856	综合着陆组件测试系统	2010/11/12
实用新型	2011203865984	一种发电机控制组件测试装置	2011/10/12
实用新型	2011203865965	一种大气数据计算机测试装置	2011/10/12
发明专利	2011103161355	散热器切割焊接夹具及对散热器进行切割和焊接的方法	2011/10/18
实用新型	2011204734754	印刷电路板分解装配装置	2011/11/24
发明专利	2011103783438	印刷电路板分解装配装置	2011/11/24
发明专利	2011104376833	涡轮叶片装配保险夹具及其进行叶轮装夹的方法	2011/12/23
实用新型	2013200710425	应用于航空仪表的综合测试设备	2013/2/7
实用新型	2013200709818	一种应用于飞机导航系统的综合测试设备	2013/2/7
实用新型	201320070949X	基于航空飞行管理系统控制显示组件的综合测试设备	2013/2/7
实用新型	201320584117X	起落架控制和接口组件测试台	2013/9/22
实用新型	2013205831977	偏航阻尼器测试台	2013/9/22

续表

专利类型	申请号/专利号	发明名称	申请日
实用新型	2013205827685	一种甚高频无线电收发机测试台	2013/9/22
发明专利	2014105477500	一种整体驱动发电机部附件的清洁装置及其清洁方法	2014/10/16
实用新型	2014206518683	氧气量计算控制器测试台	2014/11/4
实用新型	2014206518679	一种自动火警灭火控制组件测试台	2014/11/4
实用新型	2014206518541	发动机接口组件测试台	2014/11/4
实用新型	2014206518518	一种货仓加热控制器测试台	2014/11/4
发明专利	2014106308548	一种燃油附件综合测试方法	2014/11/11
实用新型	2015209952359	电子设备通风计算机测试台	2015/12/3
实用新型	2015209952310	磁指示器测试台	2015/12/3
实用新型	2015209952058	RPCU 余压控制组件测试台	2015/12/3
实用新型	201621030005X	自动飞行状态信号器试验台	2016/8/31
实用新型	201621028897X	多功能接收机控制面板测试台	2016/8/31
实用新型	2016210284663	区域温度控制器测试台	2016/8/31
实用新型	2016210280075	音响告警组件试验台装置	2016/8/31
实用新型	2016210046400	气象雷达控制面板测试台	2016/8/31
发明专利	2017108187240	一种燃油流量和已耗燃油量指示器测试台	2017/9/12

资料来源：中国及多国专利审查信息查询网。

6.3.3 通过提升企业声望促进创新

在三次非公开发行股票中，私募股权所占的比例，可以总结为表6-8，可以发现，三次募股募集的资金总额逐步增加，2015年实现了翻倍增加。参与认购的企业越来越多，私募股权的比重却逐步下降。2010年仅有5个公司参与认购，2个私募机构投入大量资金，占比高达55%，而到了2015年，有8个公司参与认购，私募机构投入的资金仅占10%。这说明，私募机构在企业发展期投入较大，之后企业经营业绩、创新能力等方面有了提升，企业声望增加，吸引了越来越多的公司对其投资，筹集到的资金也越来越多。

表 6－8　　　　　　私募股权占比情况

	2010 年	2013 年	2015 年
PE 占比	55%	37.07%	10%
募集资金总额	35230.40 万元	41308.20 万元	165640.47 万元
参与认购企业个数	5	5	8

资料来源：海特高新非公开发行股票上市公告书（摘要）。

因此，私募股权投资通过提升企业声望，使企业吸引到更多优质投资者，募集到更多的资金，以用于企业的经营与发展，用于企业的项目建设与研发活动，最终间接促进创新。

6.4 结　论

通过海特高新的案例分析，能够得出以下结论：

私募股权对创新具有以下促进作用：一是通过将大量资金注入企业，从而使企业有能力增加研发投入，雇佣更多的研发人员与技术人员来促进创新；二是通过投资项目促进创新和提高创新绩效，私募股权投资资金被用于企业的各个项目投资，这些项目涵盖了企业的经营、发展、创新等各个方面，从而提升了企业的综合实力与创新能力；三是通过提升企业声望促进创新，私募机构承担风险的能力较强，敢于在企业不成熟时期注入大量资金，逐渐提升企业声望，使企业有能力吸引到更多优质投资者，募集到更多的资金，以用于企业的经营与发展。

第7章　私募股权基金对通化金马公司创新影响的案例分析

7.1 通化金马公司简介

通化金马药业集团股份有限公司（以下简称通化金马）是一家综合性制药企业，集药品生产、销售、研发为一体。通化金马公司成立于1990年，注册资本4.49亿元，通过股份制改造，于1997年4月30日成功在深交所上市，并于2000年组建企业集团。通化金马药业集团股份有限公司曾多次被评为国内百强中药制药企业，公司被省政府命名为省高新技术企业，被省科委和省药监局评为省医药行业知名制药企业等称号。

通化金马是个典型的家族企业。公司的股份主要控制在刘成文家族手中，家族成员李建国出任通化金马的董事。公司实际控制人为刘成文、韩香兰、刘彩庆和李建国。根据资料显示，刘成文和韩香兰为夫妻关系，刘彩庆为刘成文之女，李建国与刘彩庆为夫妻关系。根据《上市公司收购管理办法》《上市规则》等有关规定，刘成文、韩香兰、刘彩庆和李建国为一致行动人。

7.2 私募股权基金进入通化金马的过程

2013年，通化金马非公开发行124472573股A股，发行价格为每股人民币4.74元，共筹得人民币590000000.00元，扣除各项发行费用人民币9984472.5元且不包括人民币普通股（A股）发行申购资金于冻结期间产生的利息收入，实际募集资金净额为人民币580015527.43元。北京常青藤联创投资管理有限公司认购了63291139股。

2015年，上市公司拟向北京晋商联盟投资管理有限公司、苏州晋商联盟陆号投资中心（有限合伙）、苏州晋商联盟柒号投资中心（有限合伙）及天是和顺投资控股（北京）有限公司 4 家公司非公开发行人民币普通股（A 股）240798857 股。此次非公开发行的每股发行价为人民币 7.01 元，募集资金总额 1688000000.00 元，扣除各项发行费用 23693005.86 元后，实际募集资金净额为 1664306994.14 元。其中，天是和顺投资控股（北京）有限公司认购了 14265335 股。

本次交易拟募集配套资金 168800 万元，扣除发行费用后的净额主要用于本次交易现金对价支付、圣泰生物三期建设项目、上市公司研发中心建设、偿还上市公司借款、支付中介机构费用。实际募集配套资金不足部分，由公司自筹资金解决。

本次募集配套资金具体用途如表 7－1 所示。

表 7－1　资金用途备案　　单位：万元

序号	项目名称	总投资额	拟投入募集资金
1	支付交易对价	128000	128000
2	圣泰生物三期建设项目	24180	20000
3	上市公司研发中心建设	5500	5300
4	偿还上市公司借款	13000	13000
5	支付中介机构费用	2500	2500
	合计	173180	168800

资料来源：通化金马发行股份及支付现金购买资产并募集配套资金暨关联交易报告书（摘要）。

7.3　私募股权基金对企业创新的影响

7.3.1　能力建设与增进

通化金马投资项目数量如图 7－1 所示。

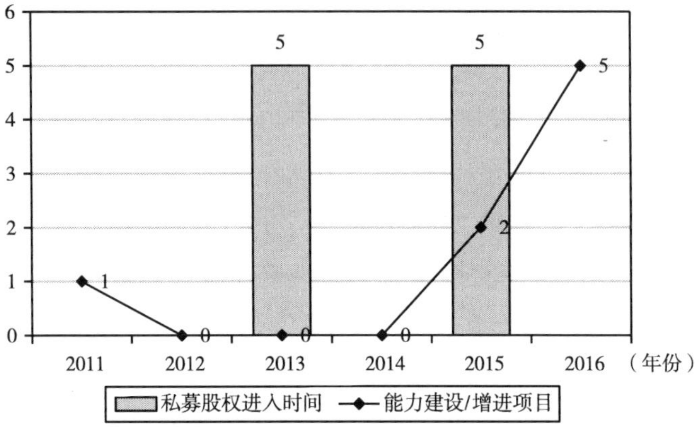

图 7－1　通化金马投资项目数量

2011 年报数据显示，通化金马的全资子公司仅为通化神源药业有限公司，主要从事中西成药、营养及保健制品的生产和销售，通化神源药业 2011 年年末净资产－62315616.41 元，营业收入 19586440.97 元，净利润－8024504.58 元，公司的经营状况堪忧。

通化金马公司 2012～2014 年并没有太多能力建设或增进项目，但是从 2015 年私募股权进入企业后，通化金马公司燃起了并购和投资热情，开展了一系列并购和投资活动，提升企业的创新基础。

表 7－2　　　　私募股权进入后的企业项目

序号	时间	对象	内容	私募股权进入后的能力增进
1	2015 年 4 月	圣泰药业	通化金马拟以发行股份及支付现金方式购买资产并募集配套资金方式收购圣泰药业 100% 股权	经过此次并购，通化金马公司得以进入全新的领域——骨折、关节炎化学药领域。其中，圣泰生物，系较早进入骨折、关节炎化学药领域的公司之一，其优势产品骨瓜提取物制剂具备注册早、剂型全等特点，市场竞争力较强。经过多年经营，圣泰生物形成了以骨骼肌肉类、心脑血管类及呼吸系统类等多品种药物为核心的品种优势，并以优秀团结的管理团队、高效安全的生产能力、多层次宽覆盖的营销体系为依托，在行业内树立了较好的品牌形象
	2015 年 8 月 12 日		通化金马以非公开发行股份及支付现金的方式向融泰沣熙、北京晋商以及仁和汇智购买其合计持有的圣泰生物 100% 股权，本次交易完成后，上市公司将直接持有圣泰生物 100% 股权	
	2016 年		公司完成该项重大资产重组，圣泰生物成为通化金马全资子公司	

续表

序号	时间	对象	内容	私募股权进入后的能力增进
2	2015 年	GMP 异地新建工程	本公司 GMP 异地新建工程结束，由在建工程转入固定资产的金额为 37437.18 万元	
	2016 年 4 月	长春华洋及其子公司江苏神尔洋	取得长春华洋高科技有限公司 60% 股权	该新药已于 2015 年 8 月获得国家食品药品监督管理总局颁发的 III 期药物临床试验批件并于报告期正式进入 III 期临床试验。通过控股和参股两家新药研发企业有助于进一步提升公司研发新药能力，拓宽公司的发展空间，提升公司的实力
	2016 年		公司通过增资及收购行为，分别控股和参股长春华洋及其子公司江苏神尔洋两家新药研发企业，这两家新药研发企业共同拥有治疗老年痴呆化药 1.1 类新药琥珀八氢氨吖啶片的全部知识产权	
3	2016 年 4 月	重庆泰盟	子公司圣泰生物出全资设立重庆泰盟医药有限公司，重庆泰盟纳入圣泰生物合并报表范围	本次投资对公司多元化发展积极有利，拓展了公司业务范围，圣泰生物由生产型企业增加了经营性企业，增加自营产品的市场覆盖，可通过经营性企业代理产品，增加企业利润，丰富企业产品线，进一步提升产品的附加值及市场竞争力
4	2016 年 5 月 31 日	铭泽天宇、德信义利	公司与全资子公司融沣投资拟设立苏州铭泽天宇投资中心（有限合伙）和苏州工业园区德信义利投资中心（有限合伙）	该基金于 2016 年 7 月受让黑龙江龙煤矿业控股集团有限责任公司下属 6 家医院公司 85% 股权
	2016 年 6 月	德信义利、北京晋商	在原设立苏州工业园区德信义利投资中心（有限合伙）的基础上，增加投资，与控股股东北京晋商共同设立医疗产业基金	
5	2016 年 4 月 1 日	恒义天成	公司收购主体为苏州恒义天成投资管理中心（有限合伙）	

续表

序号	时间	对象	内容	私募股权进入后的能力增进
5	2016年3月	恒义天成	公司与全资子公司融沣投资、圣泰生物受让及增资苏州恒义天成投资管理中心（有限合伙），根据实缴出资额，恒义天成纳入圣泰生物合并报表范围	苏州恒义天成投资管理中心（有限合伙）作为收购主体在报告期完成收购成都永康制药有限公司100%股权事项
	2016年7月13日	永康制药	通化金马通过合伙企业恒义天成，以支付现金的方式购买成都永康制药有限公司100%股权。恒义天成已持有永康制药100%股权	公司将以永康制药拥有的林麝繁育基地为依托，通过对重点原料供应和品质的控制，依托具备现代科学的生产工艺，继续推进永康制药的精品中药发展战略，建立细分用药市场的龙头地位。永康制药核心产品小金丸具备较高的市场知名度，这将进一步增强公司在妇科、内分泌类用药医药领域的核心竞争力。同时，公司产品种类的丰富也有利于提升公司的整体抗风险能力
6	2016年11月	拉萨雍康	圣泰生物收购拉萨雍康药材有限公司100%股权	拉萨雍康药材有限公司的许可经营项目为中药材、中药饮片销售。公司通过持有拉萨雍康100%股权，增强公司药品销售能力，加强公司内部资产整合，平衡公司内部资源
7	2017年10月26日	北京晋商	公司与控股股东北京晋商拟成立全球健康产业投资基金	该基金作为公司进行先进医药研发制造、医疗服务、精准医疗、康复保健等健康产业产业链布局的平台

资料来源：通化金马历年年报及公告（摘要）。

7.3.2 知识生产与扩散

公司不断转型升级，由最初的简单生产到后来的多样化发展，使公司的核心竞争力显著提高，步入了知识生产与扩散阶段。根据公司披露的相关信息来看，2011年以前，公司的知识生产与扩散并不多，而在2014年以后，尤其是2016年，公司的知识生产扩散能力极大提高，产品种类、专利品种和独家品种等大大增加。私募股权进入后，公司经营范围持续扩大。公司从单纯的药剂生产发展为后期的研发、生产、销售、投资同步进行的多样化经营。公司经营范围扩大，分类更为细致，产品的技术含量增加。

表 7－3　　　　私募股权进入前后的企业产品

序号	时间	经营范围	主要变化
私募股权进入前	2007 年度股东大会审议通过	栓剂、片剂、硬胶囊剂、颗粒剂、丸剂（浓缩丸、糊丸）、粉针剂、冻干粉针剂、小容量注射剂生产	公司的经营范围进行进一步调整，产品科技含量增加，创新性的提高，增加了中药材的种植、研究；中药饮片、药品、保健品的研发、销售；增添医疗器械的研究、开发以及医疗项目投资
私募股权进入后	2016 年第二次临时股东大会审议通过	合剂、颗粒剂、硬胶囊剂、片剂、小容量注射剂、口服溶液剂、糖浆剂、栓剂、丸剂（浓缩丸、糊丸）；中药材的种植、研究；中药饮片、药品、保健品的研发、销售；医疗器械的研究、开发；医疗项目投资	

资料来源：通化金马历年年报（摘要）。

7.3.3　技术开发与应用

（1）研发投入加大。

自 2015 年私募股权基金进入企业后，研发投入达到了新的高度。通化金马的研发投入于 2012～2014 年下跌，2014～2016 年上涨，总体呈现“U”型，属于行业正常水平。其中，2016 年开发支出项目为琥珀八氢氨吖啶片，投入 101373130.70 元。

2014～2016 年，2015 年较 2014 年通化金马研发人员数量变动增加 1.39%，研发人员数量占比增加 1.30%。研发人员数量和研发人员数量占比都在持续增加，尤其是 2016 年，研发人员数量增长幅度巨大，相较 2015 年研发人员数量增加了 265.75%，不过由于公司在 2016 年实行增扩方案，公司的总员工数也增加到 2200 人，使研发人员数量占比增加到 12.14% 的水平上。2016 年，与同期医药行业的龙头企业做对比，恒瑞医药研发人员数量占公司总人数的比例16.93%，康美药业研发人员数量占公司总人数的比例12.47%。虽然通化金马的12.14%略低于前两家，但数据显示，公司正将研发人员占比持续上拉至行业平均水平。

（2）技术人员比例增高。

从表7－4和图7－2可以看出，私募股权进入前，公司技术人员数量下降，技术人员占总人员比例也在降低；私募股权进入后，公司的总员工数虽然呈下降趋势，但公司的技术人员仍处于稳定状态，因此，技术人员占总人员比例也呈现上升趋势。尤其是2016年，公司总员工数高达2200人，呈现爆炸式增长，而相应的技术人员也大幅增加，技术人员占总人员比例不降反升，占12.60%。同年，通化金马的研究人员占12.14%，两者合计24.74%，占公司员工的较大比例，由此可以看出，通化金马公司对技术和研发人员的重视在不断提高，根据年报显示，公司虽然经过较大变动，但公司的核心技术人员并没有流失。

表7－4　　　　私募股权进入前后的研发投入

	私募股权进入后				私募股权进入前	
	2016年	2015年	2014年	2013年	2012年	2011年
研发投入金额（元）	42158588	7932199	2069762	6422053	6898490	—
研发投入占营业收入比例	4.96%	4.02%	0.99%	4.35%	5.40%	—
研发人员数量	267	73	72	—	—	—
研发人员数量占比	12.14%	10.80%	9.50%	—	—	—
技术人员	277人	73人	73人	73人	66人	71人
技术人员占总人员比例	12.60%	8.42%	8.26%	8.12%	7.24%	7.93%
公司共有员工	2200人	867人	872人	899人	912人	895人

资料来源：通化金马历年年报（摘要）。

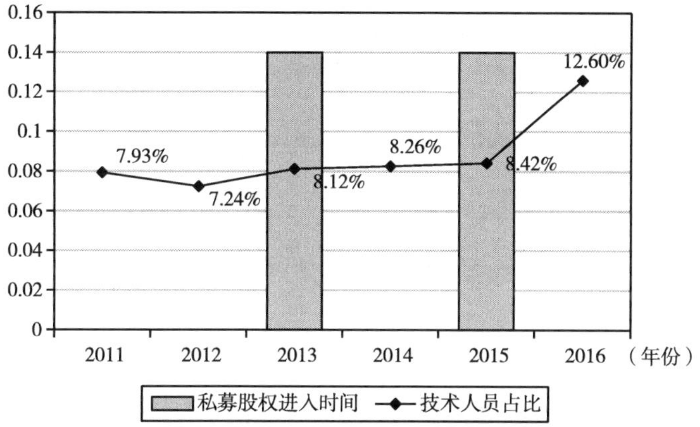

图 7－2　通化金马技术人员占总人员比例

（3）创新绩效提升。

根据表 7－5 和图 7－3 显示，通化金马私募股权进入前拥有药品注册批件、GMP 证书、申请专利、已获得专利和列入省级、国家级医保目录的数量均少于私募股权进入后的数量。而且，2012～2013 年，通化金马的专利和研发数量并无增加，从 2014 年私募股权正式进入后，公司的专利和产品品种开始明显增多，公司在产品创新和专利申请获得等创新领域有明显提高。

表 7－5　　通化金马研发及专利情况汇总

	私募股权进入前	私募股权进入后			
	2012 年	2013 年	2014 年	2015 年	2016 年
拥有药品注册批件	108 个	108 个	109 个	109 个	—
其中独家品种	10 个	10 个	12 个	12 个	—
GMP 证书	2 个	2 个	3 个	2 个（新）	—
申请专利	6 个	6 个	8 个	12 个	—
已获得专利	4 个	—	5 个	9 个	发明专利 25 项，实用新型专利 21 项
列入省级、国家级医保目录	—	—	—	49 个	99 个

资料来源：通化金马历年年报（摘要）。

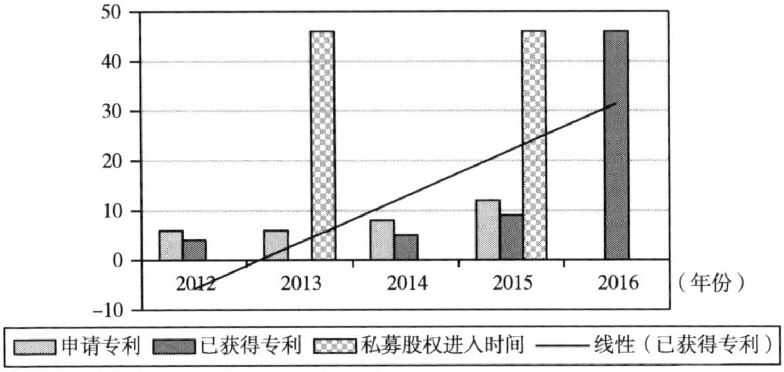

图 7-3　通化金马专利情况

其中，公司于 2002 年通过国家 GMP 认证，并于 2015 年通过了新版 GMP 认证，取得了证书编号为 CN20150089、JL20150081 两个 GMP 证书，提高了公司中成药的再次开发，丰富公司的产品系列，提升公司市场营销能力，提高公司的研发能力，加强企业的竞争力和可持续发展能力，有利于实现并维护股东的长远利益。

截至 2017 年年底，公司共有 16 条生产线，拥有国内一流的标准厂房和 GMP 生产线及检测系统，有针剂、固体制剂、生化提取、中药提取等生产车间，可以生产注射剂、片剂、胶囊剂、颗粒剂、栓剂、口服液、浓缩丸、糊丸、糖丸、糖浆剂等 10 多个剂型。

7.3.4　与多家研究机构合作，改进生产工艺

自 2015 年以来，通化金马与多家研究机构合作，具体情况如下：公司与吉林大学合作进行风湿祛痛胶囊治疗风湿性关节炎的作用及机理研究和壮骨伸筋胶囊治疗腰椎间盘突出症的作用及机理研究；与黑龙江中医药大学合作进行风湿祛痛胶囊动物毒性研究和壮骨伸筋胶囊动物毒性研究；科技成果转化项目中壮骨伸筋胶囊生产工艺及新产品开发；与中国科学院长春应用化学研究所合作的五味子复方颗粒剂制备工艺开发。通化金马于 2017 年与北京大学生命科学院、长春中医

药大学、天津药物研究院等 20 余家院校和科研单位，建立了技术协作关系。

7.4　结　　论

创新是家族企业发展的基石，是企业发展的关键所在。通过私募股权投资，一方面可以募集资金，拓宽筹资渠道，进而为企业引进先进的技术，促进产品的开发与研究，拓宽企业的生产销售范围，通过与子公司的资源整合和协同效应，保证了公司在产品研发和销售、生产工艺的更新、原材料供应以及步入新兴市场等方面实现可持续发展；另一方面，可以为公司引进大量人才，为高层注入新鲜血液，提升企业高管层综合素质，解决了家族企业投资方式难以多样化的问题。综上所述，私募股权投资对家族企业在创新方面发挥了积极作用。

第8章 家族企业代际传承与创新投资：以浙江龙盛集团为例

8.1 前　　言

8.1.1 家族企业的代际传承现状

自从改革开放以来，民营经济在国民经济版图中的位置毋庸置疑，而它们的中坚力量就是占据 A 股上市公司近半壁江山的家族企业。与欧洲的许多家庭式作坊一样，中国的家族企业也在改革开放后第一代企业家的带领下，经历了时代经济的洗礼。它们经过经济开放的蓬勃发展，渡过金融危机下的蛰伏调整，留下来的越来越强大，并逐渐形成了家族集团。

欧洲的家族企业大多已经传承到了三五代之后，由于起步较早，前两代的传承往往都发生在企业没有大的转变以及整体经济环境没有大的改变的时刻，所以代际间的交接班并没有与企业的“瓶颈”期产生高度重合。而中国的家族企业都很年轻，家族的延续和企业的发展过度交织在一起，而且由于经济环境的特殊发展背景，家族的代际转换与企业的转型升级几乎是同时发生的。中国的家族企业如何顺利地进行代际传承？这是我们这个时代的一个重要命题。尤其是在中国经济进入产业格局调整的时期，中国的家族企业主在寻找接班人的同时还必须处理企业战略转型这一挑战。

表 8－1　　国内外家族企业代际传承现状

	国　外	国　内
经济环境	较为平缓	产业格局调整，转型升级
起步先后	较早	刚刚起步
传承代数	大多超过二三代	第二代较多，第三代几乎没有

资料来源：《中国上市家族企业创新报告》，2016 年。

经历过三十多年的时间，我国家族企业创始人大多数年近花甲，第二代正值有所作为的年龄段，在未来的 5 ~ 10 年内，企业面临着代际传承的严峻挑战，国外家族企业研究者通过理论分析出能够成功代际传承到第二代的家族企业仅占 30%，能够成功传递到第三代的企业更不多见，比例不足 14%，我国家族企业也面临着同样的难题。

家族企业的代际传承问题将成为今后观察中国企业演化方向的一个关键视角，中国家族企业的“家业长青、持续发展”也是企业实践者和理论学者的主要研究目标。

8.1.2　家族企业的创新投资现状

2016 年 9 月 10 日，中欧—上海信托《中国上市家族企业创新报告》发布，报告将中国家族企业、民营非家族企业和国有企业进行对比，探究了中国家族企业研发创新的意向和效果。

在创新投资倾向上，报告显示三类企业的研发投资倾向在 2010 ~ 2014 年都稳步上升。2010 年，13.4% 的家族企业有研发投入，到 2014 年，这个比例已经提高到 18.7%；相比较而言，民营非家族企业进行研发投入的比率最高，家族企业次之，国有企业最低。

在研发强度方面，家族企业在 2010 年的研发投入占销售投入之比为 2.93%；到 2014 年这个比例增加到 3.51%，而国有企业的这一指标在这 5 年间从 1.47% 增加到 1.85%，远低于家族企业。在 2010 年民营非家族企业的研发强度为 2.48%，低于家族企业，但是到 2014 年其研发强度为 4.52%，高于家族企业，显示其在研发投入强度方面的强劲增长（见图 8 – 1）。

在专利获取方面，2010 ~ 2014 年，家族企业与国有企业相比，获得专利授权的企业数量占比平均高出近 17 个百分点，而与民营非家族企业相比，家族企业中获得专利授权的企业数量占比则略低了近 2 个百分点。另外，家族企业获得专利授权的平均件数要远远低于民营非家族企业和国有企业。从有效的专利类型来看，家族企业和民营非家族企业发明专利上的差距最大。由此得出，家族企业核心技术以及技术市场化应用的创新，与民营非家族企业和国有企业差距是比较大的。

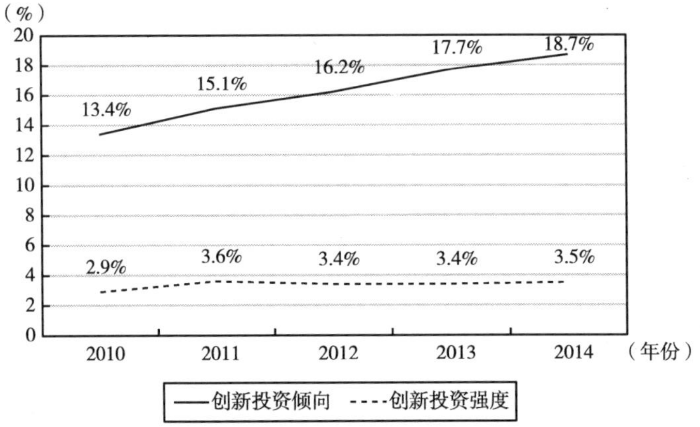

图 8－1　家族企业创新投资倾向和强度变化

资料来源：《中国上市家族企业创新报告》，2016 年。

同时，《中国上市家族企业创新报告》报告显示：有研发投资的家族企业利润率都要明显高于没有研发投资家族企业，并且五年连续如此（见图 8－2）。

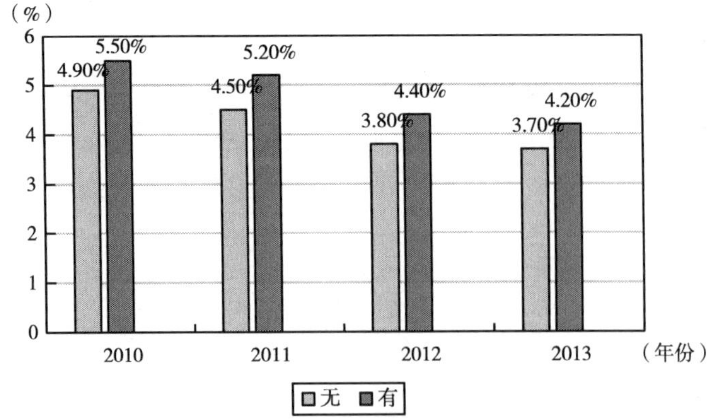

图 8－2　有研发投资和无研发投资的家族企业的 ROA 业绩对比

资料来源：《中国上市家族企业创新报告》，2016 年。

8.2　浙江龙盛的案例介绍

8.2.1　浙江龙盛公司概况

（1）公司简介。

浙江龙盛集团股份有限公司（以下简称“浙江龙盛”），成立于 1998 年 3 月 23 日，业务横跨化工、钢铁、金融、房地产四大领域，是染料行业的国内龙头。其公司前身是浙江省上虞县浬海公社微生物农药厂，创立于 1970 年 6 月 13 日，主要生产农药产品。2003 年 8 月浙江龙盛于上交所主板 A 股上市。经过 40 余年的发展，浙江龙盛资产总额达到 448.5 亿元，主营业务收入 112 亿元，净利润 18.7 亿元。

（2）经营范围。

浙江龙盛是一家主要经营染料、中间体、减水剂、纯碱和合成氨等无机化工产品，以及房地产和汽车冲压件业务的公司。公司的主要产品包括分散染料、活性染料、中间体。2000 年，公司被浙江省人民政府认定为省级企业技术中心，并多次获得省级科技进步先进企业的称号。根据中国染料工业协会对会员企业的统计，在全球的主要染料市场，浙江龙盛拥有超过 30 个销售实体，服务于 7000 家客户，约占全球 21% 的市场份额，在所有的关键市场都有着销售和技术的支持，在 50 个国家设有代理机构，拥有在 12 个国家的 18 家工厂，龙盛世界客户群包括知名国际品牌如 NIKE、ADIDAS、LEVIS、SWAL-MART 等（见表 8 -2）。

表 8－2　浙江龙盛主营业务构成

	主营构成	主营收入（元）	收入比例	主营成本（元）	成本比例	主营利润（元）	利润比例	毛利率（%）
按行业分类	特殊化学品	105.26 亿	85.19%	63.31 亿	81.44%	41.95 亿	91.55%	39.85
	基础化学品	8.20 亿	6.64%	7.42 亿	9.54%	7862.84 万	1.72%	9.59
	其他业务	4.76 亿	3.85%	4.13 亿	5.31%	6281.70 万	1.37%	13.20
	房产业务	2.15 亿	1.74%	1.25 亿	1.60%	8993.02 万	1.96%	41.89
	其他（补充）	1.72 亿	1.39%	1.15 亿	1.48%	5654.87 万	1.23%	32.91
	服务业务	1.47 亿	1.19%	4772.67 万	0.61%	9940.31 万	2.17%	67.56
按产品分类	染料	74.20 亿	60.05%	45.11 亿	58.03%	29.09 亿	63.49%	39.20
	中间体	17.46 亿	14.13%	9.22 亿	11.86%	8.24 亿	17.98%	47.19
	助剂	9.35 亿	7.56%	6.08 亿	7.82%	3.27 亿	7.13%	34.95
	无机产品	8.20 亿	6.64%	7.42 亿	9.54%	7862.84 万	1.72%	9.59
	其他业务	4.76 亿	3.85%	4.13 亿	5.31%	6281.70 万	1.37%	13.20
	减水剂	4.25 亿	3.44%	2.90 亿	3.73%	1.35 亿	2.95%	31.79
	房产业务	2.15 亿	1.74%	1.25 亿	1.60%	8993.02 万	1.96%	41.89
	其他（补充）	1.72 亿	1.39%	1.15 亿	1.48%	5654.87 万	1.23%	32.91
	颜色标准及可持续发展解决方案	1.47 亿	1.19%	4772.67 万	0.61%	9940.31 万	2.17%	67.56
按地区分类	国外市场	64.09 亿	51.87%	41.28 亿	53.11%	22.81 亿	49.78%	35.59
	国内市场	57.74 亿	46.74%	35.30 亿	45.41%	22.45 亿	48.99%	38.87
	其他（补充）	1.72 亿	1.39%	1.15 亿	1.48%	5654.87 万	1.23%	32.91

资料来源：浙江龙盛 2016 年企业年报。

8.2.2　浙江龙盛的代际传承

（1）浙江龙盛家族概况。

浙江龙盛的创始人阮水龙是浙江省上虞市的一位农民企业家，1970 年起任上虞县沥海公社微生物农药厂厂长，1979 年起任上虞纺织印染助剂厂厂长，1984 年起任上虞县助剂总厂厂长，1991 年起任浙江助剂总厂厂长，1993 年起任浙江染料助剂总厂厂长，1998 年起任浙江龙盛集团股份有限公司董事长，2007 年 4 月，不再担任股份公司董事长，现任浙江龙盛控股有限公司董事长。

阮水龙有三子二女。

大女儿阮珠梅，出生于 1957 年，中学毕业后一直在道墟农村任代课教师，后经过自学考入教师进修学校，毕业后转为公办教师。

大儿子阮伟兴，1960 年出生。1977 年，他从上虞东关中学高中毕业后，就进入上虞县沥海公社微生物农药厂（浙江龙盛的前身）工作。从一位普通员工做起，先后担任厂技术科科长、副厂长，公司副总经理、总经理等职，见证参与了龙盛的从无到有，从初创到壮大。后来离开公司自谋发展。

二女儿阮伟娟，1964 年出生，在道墟中学高中毕业后进入上虞县助剂总厂工作，主要从事文秘和技术档案整理工作。后来她走出公司独立从事经贸活动。

二儿子阮伟祥，1965 年出生。1982 年高考以全县高考理科第四名的成绩考入复旦大学化学系。1989 年 7 月，阮伟祥从复旦大学材料系高分子专业研究生毕业，在复旦大学材料系留校任教。1993 年 1 月，他接受父命，辞去复旦大学材料系讲师教职回家乡，历任浙江染料助剂总厂副厂长、总工程师，浙江龙盛集团股份有限公司总工程师、副总经理、总经理、董事长。他先后获得浙江省劳动模范、浙江省科技进步奖、绍兴市专业技术拔尖人才、绍兴市劳动模范、绍兴市市长奖、上虞市突出贡献企业家、上虞市十大杰出青年等荣誉。

三儿子阮伟刚，1967 年出生，高中毕业后考入浙江大学。大学毕业后，他放弃了公务员的工作，选择在父亲阮水龙的企业中进行历练，担任公司分管产品销售的负责人。后自主创业，从事国内外贸易。

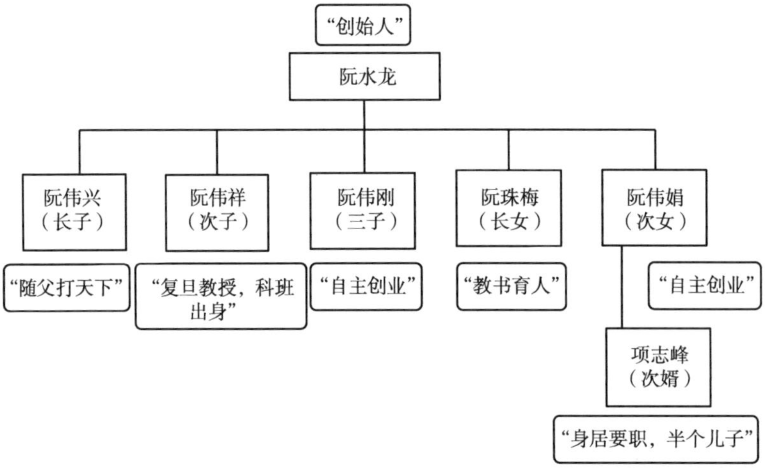

图 8－3　浙江龙盛家族成员

资料来源：根据阮水龙人物传记《阮水龙：成功绝非偶然》绘制。

（2）传承背景和时机。

1993 年的国庆节，阮水龙时任浙江染料助剂总厂厂长，虽然当时已经成了全国的染料"助剂大王"，但助剂只是配套的小产业，技术门槛不高，很难形成产业优势。而染料则是一门大产业，有着广阔的市场前景。更重要的是染料和助剂都是有机化工，同出一门，技术手段、销售渠道都不用做太大改变，只是产业链的延伸和扩展。1992 年阮水龙就投资 3000 万元到分散染料项目上，当年即告投产。但由于产品品位比较低，质量不稳定，因而销售渠道不畅。

在企业转型的背景下，阮水龙将在复旦大学材料系担任讲师的次子阮伟祥召回企业。当年底，阮伟祥进入浙江龙盛担任总工程师，这同国内其他接班人回归家族事业时从事管理工作的模式截然不同。

（3）传承过程。

涉入管理阶段（1993～2004 年），1993 年 1 月，阮伟祥进入浙江龙盛集团，1998 年担任总工程师，阮水龙任董事长，阮伟兴为总经理，此时权力集中于父亲阮水龙和长子阮伟兴手中。

共同管理阶段（2004～2007 年），2004 年 11 月阮伟祥接任总经理一职，尽管阮水龙权力最大，但是整体而言，阮氏家族权力较为分散，而阮水龙更偏爱次子阮伟祥，同时由 2004 年报表可知，次年阮伟兴的总经理之位便让给阮伟祥，家族矛盾开始显现；其次，女婿项志峰在公司拥有一定的权力，但是远不及核心家族成员。

接受管理阶段（2007 年至今），2007 年阮水龙卸任董事长职位，由阮伟祥接任，至此，代际传承的三个阶段基本完成。

8.2.3　浙江龙盛的创新历程

（1）从助剂到染料的技术创新（1993～2003 年）。

20 世纪 90 年代初，浙江龙盛逐步成长为全国染料助剂行业的龙头企业，考虑到助剂行业发展受限、技术门槛低、很难形成产业优势等问题，在阮伟祥进入企业后，开始着重加强研发，从助剂向染料产业转型。

1993 年转型生产染料之后，1995 年，浙江龙盛继续调整产品结构，投资 6500 万元开发了环保型、高强度分散染料系列产品。由于这一产品为用户提高效率 20%，降低成本 40%，减少污染 80%，因而迅速占领了市场。

1998 年，浙江龙盛又投资 1 亿元，扩建具有高技术含量、高附加值的环保性、高强度、速染型 2 万吨分散染料系列后处理项目；还投资 4000 多万元消化吸收国外先进技术，新增了一批分散染料后处理车间和相关设备。1999 年，其年生产能力从 1997 年的 2 万吨猛增至 5.5 万吨，分别占全国和全球分散染料总产销量的 35% 和 15%，从全国“冠军”一跃成为全球“冠军”。

（2）从染料到中间体的技术创新（2003~2007年）。

2003年8月，浙江龙盛在国内染料企业中率先上市。这一年，浙江龙盛分散染料的产量已经连续四年居世界第一，销售额占全球比例超过80%。但阮伟祥提出，龙盛生产的只是中低端产品，技术创新还不能停步，需要研发更高附加值的产品。利用IPO募集的资金，浙江龙盛开始布局上游的染料中间体产业。

经过自主研发，其间苯二胺采用先进工艺，产出比例高达90%以上，生产成本比同类企业低30%。浙江龙盛由此迅速占领间苯二胺市场，浙江闰土、杭州吉华等竞争对手都须向其购买间苯二胺作为染料的原料，这一产品的毛利率高达45%以上。

利用间苯二胺的技术和成本优势，龙盛研发团队又进一步向下游的间苯二酚市场延伸，开发出间苯二胺水解生产间苯二酚的方法，产品产出率高，环保成本低，竞争优势突出。间苯二酚是一种重要的有机化工原料，广泛应用于农药、染料、医药、塑料等领域。龙盛获得这一产品市场的龙头地位，目前其间苯二酚的毛利率高达40%以上。

通过打造一体化产业链，龙盛获得了明显的技术成本优势，目前染料中间体已成其明星业务，40%的中间体用于公司内部的染料生产，其余60%用于外销。中间体获得市场绝对定价权的同时，也强化了下游染料产品的客户黏性和市场垄断地位。

（3）精细化工的技术创新（2007年至今）。

2007年阮伟祥继任龙盛董事长以后，开始重新调整企业的经营战略，将国际化作为未来战略发展的主导方向，通过合资、并购等方式在全球拓展与染料相关的精细化工业务，预期打造“世界级专用化学品生产服务商”。

2007年8月，浙江龙盛出价14325万元获得山东滨化集团9.55%股权，将基地延伸到环渤海湾，并延伸公司的精细化工产业链；2008年4月，出资4.3亿元左右收购从事纯碱等无机盐生产的浙江龙化控股集团 91.65% 股权，一方面进入基础化工领域，另一方面进一步延长了染料产业链，实现了硫酸、硝酸、合成氨等化工原料的自给；2007 年 12 月，出资近 2400 万元，参股印度化工巨头 KIRI 公司，并与其就共同在印度合资设立活性染料工厂达成协议，开始涉足海外投资。2010 年 2 月，浙江龙盛正是通过认购印度 KIRI 旗下新加坡 KIRI 公司 2200 万欧元的可转换债券，实际控制了全球染料龙头——德国德司达（DYStar）纺织纤维股份公司，从而可以利用德司达公司的全球营销网络和服务平台。此次收购为浙江龙盛打开了广阔的国际市场，是其历史上的一大里程碑。

回顾浙江龙盛的技术转型三部曲，技术内行出身的阮伟祥在带领企业转型中表现出独特的战略思维："以'产业相关'和'技术相关'为主业拓展路线，进行上下游和相关产业的整合，实现业务多元化与跨国经营，最终发展成为世界级的专用精细化学品生产服务商"。这与其他企业成功后进行的盲目扩张不同。正因为他能以前瞻性的战略思维，围绕核心主业进行持续的专注创新，塑造了浙江龙盛的核心竞争力，维护了企业的行业龙头地位。

8.3　浙江龙盛的代际传承与创新投资分析

8.3.1　浙江龙盛的代际传承分析

（1）继承人的选择。

目前中国的家族企业从其出身来看主要有两种类型：第一种是"原生型"的，即企业是由创业者独资或亲戚合伙创办，从诞生之日起就是家族企业。创业初期，家族成员齐心协力，创业的冲动让他们不计报酬、不在乎地位，所有权也不明确。尤其是 20 世纪 80 年代产生的这类企业，精神力量比利益驱动更有效，参与创业者的共同利益淹没了个人利益，血缘、亲情纽带往往高于资产纽带，人们的所有权概念模糊，但是当企业达到一定规模时，如果不明确所有权，企业的继任和发展就会隐藏着危机。第二种是“改制型”的，即这些家族企业的前身是国有或乡镇集体企业，浙江龙盛就是这种由乡镇企业改制而来的。这些企业经多次“改制”后所有权高度集中，一步步演变为家族企业。这类企业控制权的代际传递可能引发几个家庭或一个家庭子女间由于所有权划分不清而产生的企业财产继承与企业控制权继任的纠纷。

对于每一个家族企业来说，选择哪种代际传承模式将决定其能否永续发展，与美国、日本和欧洲国家的家族企业相比，中国家族企业代际传承的主导模式是子承父业，浙江龙盛由创始人阮水龙的次子阮伟祥接任董事长很显然也是子承父业模式（见图8-4）。

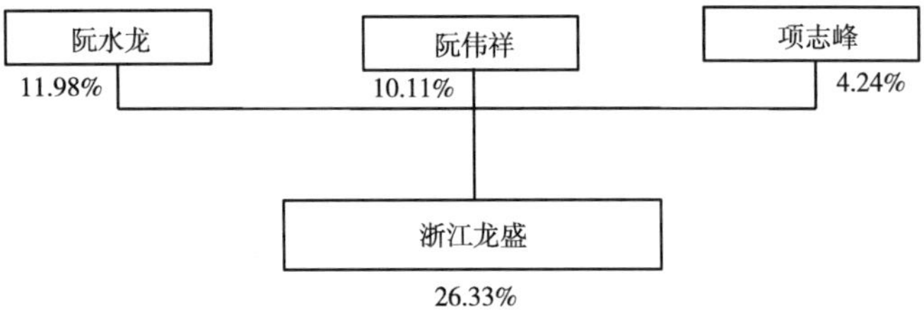

图8-4 浙江龙盛实际控制人

资料来源：浙江龙盛2016年年报。

但浙江龙盛的继承人并不是一开始就定为次子阮伟祥，从股权的分配（见表8-3）来看，创始人阮水龙在浙江龙盛1998年成立初期给长子阮伟兴和次子阮伟祥的股权分配分别是10.49%和11.45%，2003年上市时阮伟兴持股9.76%，阮伟祥持股10.30%，2007年继承人确定为阮伟祥时，两兄弟分别持股8.69%和8.32%，两人的持股比例一直都是较为接近，基本持平。可以看出，阮水龙最初想要采取的是“诸子均分”的财产传承方式。

长子阮伟兴在2007年弟弟阮伟祥出任浙江龙盛董事长的传承大局已定后，不惜违规减持股份，造成浙江龙盛股价震荡。阮水龙因此发表公司公告声明，阮水龙、阮伟祥、项志峰与阮伟兴自2008年8

月 1 日起不存在一致行动关系。自此以后阮伟兴仍继续抛售所持浙江龙盛的股票，至 2016 年年报公布时，其所持股权已减持至 1.70%。

表 8-3　浙江龙盛家族成员持股比例变化　单位：%

	阮水龙	阮伟兴	阮伟祥
1998 年	21.61	10.49	11.45
2003 年	17.93	9.76	10.30
2007 年	14.78	8.32	8.69
2008 年	14.78	8.03	8.69
2009 年	14.78	7.13	8.71
2010 年	13.27	6.40	8.17
2011 年	13.27	6.40	8.17
2012 年	13.27	6.40	8.17
2013 年	12.85	6.20	7.92
2014 年	12.73	3.65	8.79
2015 年	11.98	1.70	10.11
2016 年	11.98	1.70	10.11

资料来源：浙江龙盛 IPO 招股说明书（2003 年）和 2003～2016 年年报。

“诸子均分”曾被认为是中国文明的一个推动因素，因为它增强了社会活力，并有助于保持社会稳定。但是，“诸子均分”的继承制度分化了资本，不利于工商投资的发展，甚至对社会进程制约很明显。因为家族企业实行家族管理的效率与企业的规模呈现负相关的关系，即：在企业规模较小的情况下，家族制管理利大于弊、效率高。但是，当企业完成了资本的初始积累后就必须保持资本的高度聚集，以规模经营实现规模经济。然而，家族制管理不仅对规模化经营充满了不适应，而且在家庭财产代际传承发生时，继承人之间利益纠葛自然而生。

当创业者有几个接班人选时，如何选择又成为一个难题。一些研究表明后代进入家族企业与他们的性别和出生次序有关（Goldberg and Wooldridge，1993；Lansberg，1988）。长子一般更有可能加入家族企业，因为他们希望能够按照父辈的希望来接管企业。研究表明家族企业比较倾向于让长子接班，原因在于接班人选的不确定易导致家族之中的纷争和敌对，为避免这种家族不和谐因素，家族企业倾向于不考虑小儿子和女儿。此外，由于长子最先进入家族企业中，能够较早地熟悉公司的经营管理事务，而且占据有利的管理位置，因而比起弟弟们更容易接班。

阮水龙并没有选择较多家族企业采用的“长子继承制”，阮水龙的传记中提到，原因在于虽然秉承着“家族产业家族传”的思想，但他对“任人唯亲”和“任人唯贤”的辩证关系有着清醒的认识，接任的标准必须是“任人唯贤”。

通过对比阮伟兴和阮伟祥在传承前的不同教育背景（见表8－4），阮伟祥在学历教育程度上要高于阮伟兴，他的专业技术背景和始于负责研发的总工程师的工作经历决定了他技术型接班人的特点。

表8－4　传承前不同继任者的教育背景对比

继任前	阮伟祥	阮伟兴
学历教育	复旦大学高分子化学专业硕士	高中毕业
工作经历	复旦大学材料系讲师	直接进入本家族企业

资料来源：阮水龙人物传记《阮水龙：成功绝非偶然》，2015年。

阮伟祥在担任企业总工程师的半年内就解决了分散剂MF原来存在的钙镁离子含量高、成本高、质量不稳定等技术难题，使MF的生产成本大大下降，产品的合格率由原来的98%提高到100%，每年增收节支达450多万元。同年，该产品荣获了国家星火科技二等奖和浙江省星火科技一等奖。不久，阮伟祥又独立研制成功了具有国内首创和国际领先水平的染料中间体尖端科技项目“MA”。该项目的问世，使染料系列产品缩短了生产周期，提高品味、降低消耗，每年为企业创造了较高的经济效益。独立主持研究、开发具有国际先进或领先水平的环保型、高强度、速染型高新技术产品86只，完成国家级火炬计划（2万吨级高强度、环保型EX-SF分散染料项目），国家级星火计划（活性GR黑项目）的实施工作，完成重大技改项目26项，其中的催化加氢法制间苯二胺项目被国家经贸委列入“双高一优”项目。其主持设计了世界上最先进生产线四条，设计了全球最高的喷雾干燥塔 4 只。1998 年 8 月其被绍兴市人民政府评为“绍兴市环境保护先进个人”；1999 年 2 月被上虞市委、市政府评为“优秀专业技术人才”；2000 年被绍兴市评为“第四批专业技术人才”。阮伟祥也由此成为“染料专家”，提升了继承人权威构建中的职能权威。

在经营权的分配上（见表 8－5），阮水龙经过对两个继承人的考量，逐渐将传承重心转移到次子阮伟祥身上，因而在 2006 年免除了长子阮伟兴的总经理一职，将次子阮伟祥从总工程师提拔到总经理，并于 2007 年从董事长一职退下，由阮伟祥接任董事长兼总经理。

表 8－5　　浙江龙盛家族成员在董事会的任职变化

董事类别	2003 年		2006 年		2007 年	
	姓名	职务	姓名	职务	姓名	职务
家族董事	阮水龙	董事长	阮水龙	董事长	阮伟祥	董事长、总经理
	阮伟兴	总经理	阮伟祥	总经理	项志峰	常务副总经理
	阮伟祥	总工程师	阮伟兴	董事		
创业元老	章荣夫	董事				
	阮兴祥	董秘	阮兴祥	董事	阮兴祥	副董事长
职业经理人			常盛	董秘	王忠	财务总监
					贡晗	董事
					常盛	董秘

资料来源：浙江龙盛 2003 年、2006 年、2007 年年报。

（2）社会资本的传承。

家族企业研发投资决策活动不仅是在企业内部决策的过程，同时也是不断从企业外部获得信息、知识和资金的过程。尤其是在中国经济转型时期，为应对市场化制度发展的不完善，家族社会资本起到了巨大的作用，社会资本的传承是企业进行研发投资决策的重要影响因素。本节运用的社会资本是中国社会背景下的维度划分，主要包括网络成员之间的关系模式，它是社会资本最基础的维度。接下来将从三个维度测量阐述家族企业社会资本的传承：政治关系资本、行业关系资本和银行关系资本。

政治关系资本的衡量为：是否担任人大代表或政协委员，若接班人担任创始人之前的人大代表或政协委员职务表示已传承，否则为未传承。

协会关系资本的衡量为：是否参加了行业协会，若接班人担任创始人之前的行业协会职务表示已传承，否则为未传承。

银行关系资本的衡量为企业与银行系统（四大国有银行、股份制银行、城市商业银行或信用社）是否存在资金借贷关系，若接班人仍与创始人之前存在借贷关系的银行有业务往来表示已传承，否则为未传承。

浙江龙盛政治关系资本的传承从表 8－6 可以看出，在继任前阮水龙自 1993 年起连续四届担任上虞市政协常委，2012 年是第九届上虞区政协常委，同时还是绍兴市第二、第三、第四届人大代表。阮伟祥在继任后也先后担任了上虞市第十五届人大代表、绍兴市第六届人大代表和绍兴市第六届人大代表，至此可以判断阮水龙父子的政治关系资本完成了传承。

表 8－6　　浙江龙盛家族社会资本——政治关系资本传承对比

阮水龙（传承人）	阮伟祥（继承人）
自 1993 年起连续四届上虞市政协常委 2012 年第九届上虞区政协常委	上虞市第十五届人大代表
绍兴市第二、第三、第四届人大代表	绍兴市第六届人大代表

资料来源：浙江龙盛 2003～2016 年年报整理。

浙江龙盛政治关系资本的传承从表 8－7 可以看出，阮水龙传承前在中国染料工业协会第五届理事、常务理事、副理事长、中国染料化工学科副会长，浙江省染料协会理事长，绍兴市染料协会理事长，阮伟祥在继任后仅担任了中国染料工业协会第八届副会长，行业关系资本的传承部分完成。

表 8－7　　浙江龙盛社会资本——行业关系资本传承前后对比

阮水龙（传承人）	阮伟祥（继承人）
在中国染料工业协会第五届理事、常务理事、副理事长、中国染料化工学科副会长	中国染料工业协会第八届副会长
浙江省染料协会理事长	
绍兴市染料协会理事长	

资料来源：中国染料工业网（http：//www.dyechina.com/sy）。

浙江龙盛的银行关系资本从数量上来看（见表 8－8），阮伟祥继任前与浙江龙盛存在资金借贷关系的银行数量是 11 家，其中 5 家银行在阮伟祥继任后仍与浙江龙盛存在资金借贷关系，继任后存在资金借贷关系的银行数量为 10 家，其中 5 家为新的银行关系资本。

表 8－8　　浙江龙盛社会资本——银行关系资本传承前后对比

继任前	继任后
中国建设银行上虞支行	中国建设银行上虞支行
中国建设银行香港分行	中国建设银行香港分行
中国农业银行上虞支行	中国农业银行新加坡分行
中国银行上虞分行	中国银行杭州滨江支行
	中国银行新加坡分行
招商银行杭州凤起支行	招商银行杭州凤起支行
中信实业银行上虞支行	
交通银行上虞支行	
浦东发展银行绍兴分行	
深圳发展银行杭州清泰支行	
浙江上虞农村合作银行道墟支行	
上虞杜浦信用社	
	中国进出口银行浙江省分行
	工商银行亚洲分行
	上海农村商业银行闸北支行
	澳新银行新加坡分行

资料来源：浙江龙盛 2003～2010 年年报。

在中国经济的转型时期，市场化经济实际上并不能完全脱离政府的干预而自由发展，家族企业政治联系的这种社会资本因难以复制和替代从而减少经营壁垒，获取更多优势资源，同时家族企业通过行业协会形式识别和创造更多的创新机会。

社会资本固化在人与人的关系之中，与当事人具有不可分离性。因此，传承人的隐退必然导致家族企业社会资本一定程度的流失，那么如何挽回损失呢？极端的方法有两种：一种是完全继承前任的社会资本，另一种是完全新创社会资本。

在浙江龙盛家族的传承过程中，阮伟祥对于其父亲的社会资本中不管是政治关系资本还是行业关系资本的继承都能做到继续保持公司对内的组织结构、对外的商务关系在契约层面的稳定。但在人际互动、关系质量、认知协调等方面，完全的继承是不可能的，完全的变更是风险巨大，正确的选择只能存在于两种极端做法之间。所谓的代际调适即在继承和变更中做到平衡，既有继承又有变更，才能避免传承的失败。

8.3.2 浙江龙盛的创新投资分析

根据测评指标构建原则，将前面验证的创新研发各影响因素及文献中已验证的相关创新研发能力测评指标相结合，构建家族企业创新研发能力测评指标。以创新研发各影响因素体现家族企业特质性，以文献中已验证的相关指标体现创新能力测评的普适性，兼顾全面性和重要性原则，系统性地整合和构建家族企业创新研发能力测评指标。

家族企业创新投资的 3 个构成部分，即创新投资强度、创新投资产出效率和创新战略选择。

（1）浙江龙盛传承前后的创新投资强度分析。

创新投资强度对家族企业创新研发能力具有直接影响，为家族企业进行创新研发提供必要的资金、知识、人力资源方面等支持。创新投资强度包括研发投入水平、研发人力资源水平、专业研发平台情况等，是家族企业进行创新研发的基础条件。

在家族企业创新投资强度测评指标中，创新投资强度为反映普适性的指标，由以下几个指标来测定：研发投入比率和技术研发人员比率。

这些指标分别从资金（研发投入比率）和人力资源（技术研发人员比率）角度构成和评定家族企业创新投资强度。

其中：

$$\text{研发投入比率} = (\text{研发费用}/\text{营业收入}) \times 100\% \qquad (8-1)$$

$$\text{技术研发人员比率} = (\text{技术研发人员数量}/\text{企业员工总人数}) \times 100\% \qquad (8-2)$$

浙江龙盛在代际传承前的 2003～2007 年五年间共计投入研发费用 2610 万元，传承后的 2008～2012 年的五年间共计 63565 万元，传承后五年研发费用投入总额是传承前五年研发投入总额的 27.5 倍。研发投入强度 2003～2016 年几乎处于逐年递增，平均年增长率为 0.31%，其中 2009 年的研发投入强度较前一年增长幅度最大，增长了 1.18%，是前一年研发投入强度的 3.5 倍（见表 8－9）。

表 8－9　　浙江龙盛 2003～2016 年研发投入情况　　单位：万元

	研发投入	营业收入	研发投入强度
2003	202	112944	0.18%
2004	290	137517	0.21%
2005	320	190353	0.17%
2006	732	244517	0.30%
2007	1066	334544	0.32%
2008	1997	422541	0.47%
2009	5610	461941	1.65%
2010	10645	667715	1.59%
2011	21161	822944	2.57%

续表

	研发投入	营业收入	研发投入强度
2012	24152	764931	3.16%
2013	45175	1408582	3.21%
2014	56774	1514999	3.75%
2015	52529	1484211	3.54%
2016	54807	1235553	4.44%

资料来源：浙江龙盛 2003～2016 年企业年报。

技术研发人员数量在传承前的五年间（2003～2008 年）增加了 525 人，传承后的五年间（2008～2012 年）增加了 282 人，增幅有所放缓。技术研发人员比率在传承前的五年间增加了 7.06%，在传承后的五年间降低了 2.2%（见表 8－10）。

表 8－10　浙江龙盛 2003～2016 年技术研发人员情况　单位：人

	技术研发人员	员工总人数	技术研发人员比率
2003	305	3130	9.14%
2004	384	3489	11.00%
2005	388	3890	9.90%
2006	819	5097	16.10%
2007	864	5325	16.20%
2008	830	5800	14.30%
2009	962	6691	19.60%
2010	624	7062	11.30%
2011	645	7215	11.40%
2012	1112	9169	12.10%
2013	868	9515	9.10%
2014	955	10261	9.30%
2015	764	8340	9.20%
2016	813	7926	10.30%

资料来源：浙江龙盛 2003～2016 年企业年报。

（2）浙江龙盛传承前后的创新投资产出效率分析。

创新研发产出能力指企业将研发成果转化应用后的经济效益和社会效应，家族企业的创新研发产出能力可以反向为家族企业后续的创新研发活动提供必要的资金、技术支持，并对后续创新研发的积极性和导向性产生重要影响。

在家族企业创新研发测评指标中，创新研发产出能力为反映创新研发能力测评普适性的指标，本章由以下几个指标来测定：获得专利和技术成果数量和因创新研发所获政府补贴额。

这些指标分别从专利产出（获得有效专利数量）和所获政府支持（因创新研发所获政府补贴额）角度构成和评定家族企业创新投资产出能力。

由表 8 - 11 可以看出，浙江龙盛在传承前（不含当年）所持有效专利仅 3 项，都为发明专利。传承后第五年所持有效专利共计 70 项，其中有 68 项是发明专利，2 项是实用新型专利。截至 2015 年浙江龙盛所持有效专利总数为 107 项。

表 8 - 11　　浙江龙盛有效专利技术统计　　单位：个

截止日期	发明	实用新型	外观设计	总计
2006/12/31	3	0	0	3
2007/12/31	13	0	0	13
2008/12/31	21	0	0	21
2009/12/31	34	1	0	35
2010/12/31	48	2	0	50
2011/12/31	61	2	0	63
2012/12/31	68	2	0	70
2013/12/31	83	2	0	85
2014/12/31	99	3	0	102
2015/12/31	104	3	0	107

资料来源：国泰安数据库公司研究系列上市公司与子公司专利。

因创新研发所获政府补助额的数据从浙江龙盛 2005 ~ 2009 年的企业年报中获取，计入因创新研发所获政府补助额的包括科技创新项目补助基金，先进制造业基地科技线奖励，专利示范企业专项经费，科技三项经费，科技专项扶持基金，技改投入奖，重大科技专项支助，生产性技术改造财政补助，技术改造奖励基金，博士后工作站补助经费，科技专项财政补助，高新技术成果转化项目专项资金，先进制造业基地专项基金，科技小巨人培育经费，联合共建科技创新载体补助经费，产业技术研究与开发资金，小巨人资助经费，高新技术企业研发中心补助经费，技术创新款，技改补贴，四川省产业研究与开发资金。

从表 8 – 12 可以看出，浙江龙盛在传承前因创新研发所获政府补助额平均每年约为 87 万元，传承后平均每年约为 354 万元，增幅达到了 300%。同时，传承后与创新研发有关的政府补助项目比传承前增加了一倍。

表 8 – 12　　浙江龙盛因创新研发所获政府补助情况

	2005	2006	2007	2008	2009
因创新研发所获政府补助额（万元）	71	103.2	122.6	339.2	368.7
与创新研发有关的政府补助项目（个）	3	3	6	7	6

（3）浙江龙盛传承前后的创新战略。

从不同的角度对技术创新战略进行分类，可以有多种不同的技术创新战略技术来源，可以将技术创新战略分为自主创新战略、模仿创新战略、合作创新战略。

从浙江龙盛的技术转型三部曲可以看出，传承前阮水龙的技术创新策略为自主创新策略。自主创新策略是运用高新技术开发出新产品、新材料、新工艺，迅速成为市场领先者和技术垄断者。浙江龙盛从助剂到染料，再从染料到中间体，两次产业转型升级都是建立在自主研发新产品、新材料，并通过研发改进生产工艺的基础上。在传承后，阮伟祥调整了企业的经营战略，将国际化作为未来战略发展的主导方向，因此创新战略也就转变为通过合资、并购等方式取得新技术、新产品的合作创新战略。

8.4 浙江龙盛的代际传承对创新投资的影响机理分析

8.4.1 家族企业继承者技术工作经历与创新投资

通过第 4 章对浙江龙盛继承人选择的分析我们得知，阮伟祥毕业于复旦大学材料系高分子专业，具有专业技术背景，回到企业工作时也是以工程师作为起点，继承人的特点就是他的技术工作背景。

从时间的纵向角度来看，以传承完成的 2007 年为分界线，对比传承前后的研发投入强度，传承前每年的研发投入强度均低于 0.4%（见图 8－5），传承后研发投入强度增长迅速，仅 2009 年一年就投入研发费用 5610 万（见图 8－6），比 2003～2007 年的研发投入总额还要高。

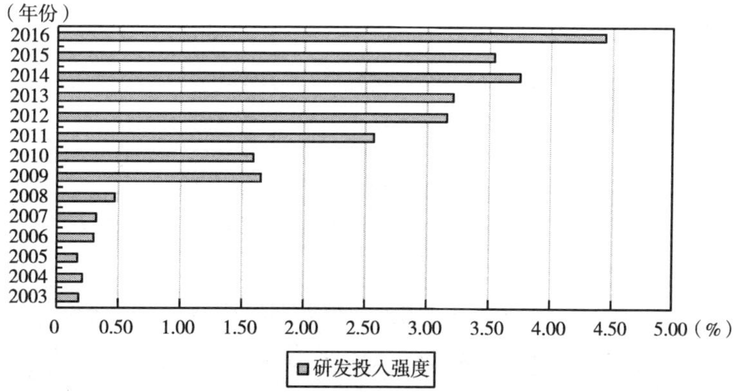

图 8－5 浙江龙盛传承前后研发强度对比

资料来源：浙江龙盛 2003～2016 年年报。

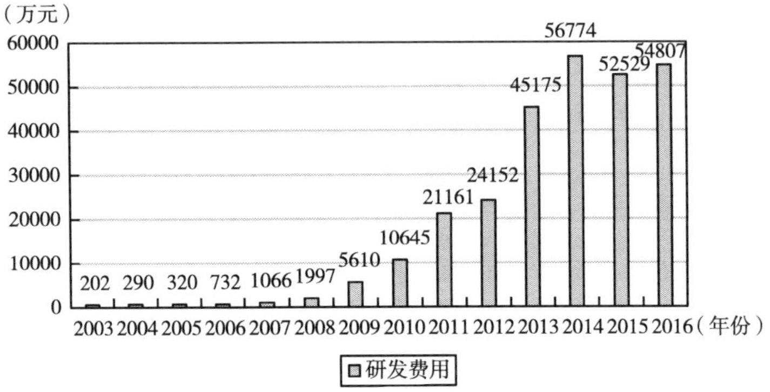

图 8-6　浙江龙盛传承前后研发投入对比

资料来源：浙江龙盛 2003～2016 年年报。

从横向的同行业对比来看，浙江闰土是和浙江龙盛同属染料行业排名前三的企业，创始人阮加根在 2014 年离世，由其女儿阮静波继承企业，也和浙江龙盛一样属于家族企业。阮静波毕业于浙江大学城市学院工商管理专业，进入企业后担任董事长助理，后来接班后担任董事长，没有技术工作经历。通过对浙江龙盛和浙江闰土两位继承者的研发投入强度对比（见图 8-7），可以看出有技术工作经历的阮伟祥在传承后研发投入强度上高于没有技术工作经历的阮静波。

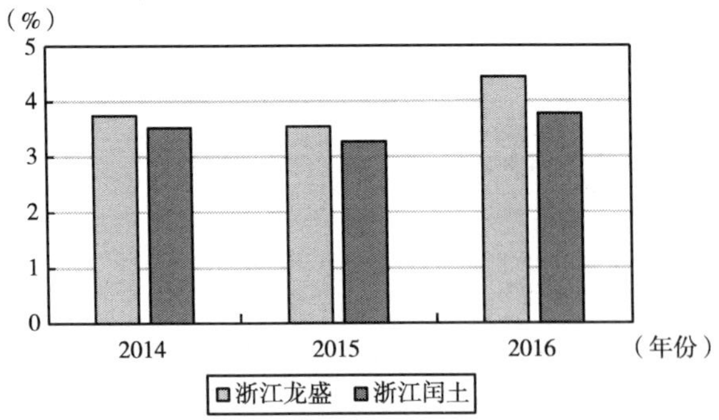

图 8-7　浙江龙盛和浙江闰土 2014～2016 年的研发强度对比

资料来源：浙江龙盛和浙江闰土 2014～2016 年年报。

通过继承人传承前后研发投入强度的对比和同行业发生了代际传承但继承人没有技术工作经历的浙江闰土对比，发现浙江龙盛的继承人阮伟祥在继任后进行的研发投入都处于较高的水平。国内学者基于中国科研人员个体的实证研究表明，技术工作经历对新的、有用的思想或解决问题的新方法的产生，有积极的显著影响。根据机会是可以被创造的观点，个体可以通过技术知识和其他类型的知识来促进创造机会。可以认为家族企业继任者在继任之前拥有的技术工作经历，有助于识别研发投资机会。

基于社会情感财富理论，“差序格局”的信任结构使控制性家族很难完全放心地把企业的研发活动交由外人或外来资本负责，当从家族外部引入了这些专业资本时，控制性家族就会面临信任困境，同时必须损失一部分的自由支配权，甚至可能失去对企业技术发展轨迹的掌控，这些都可能使主导家族感到社会情感财富（SEW）保有受到威胁，进一步降低了对研发投资行为的喜好。因此继承人的技术工作经历减少了将研发活动交由外人或外来资本负责的信任困境，他们没有社会情感财富（SEW）保有受到威胁导致的情感诉求，不会受制于这种社会情感财富（SEW）保有导致的抑制性影响。

综上所述，家族企业继任者在继任前的技术工作经历，会对家族企业的创新投资强度有正向影响。

8.4.2　社会资本的传承与创新投资产出效率

在浙江龙盛家族的传承过程中，阮伟祥对于其父亲的社会资本中不管是政治关系资本还是行业关系资本的继承都能做到继续保持公司对内的组织结构、对外的商务关系在契约层面的稳定，社会资本传承基本完成，与此同时，阮伟祥在继承后浙江龙盛的创新投资产出效率从专利数量和因创新研发所获政府补助额也发生了相应的变化。

政治关系资本和银行关系资本的传承对创新投资产出效率的影响体现在传承前后因创新研发所获政府补助额的变化上（见图 8 - 8）。

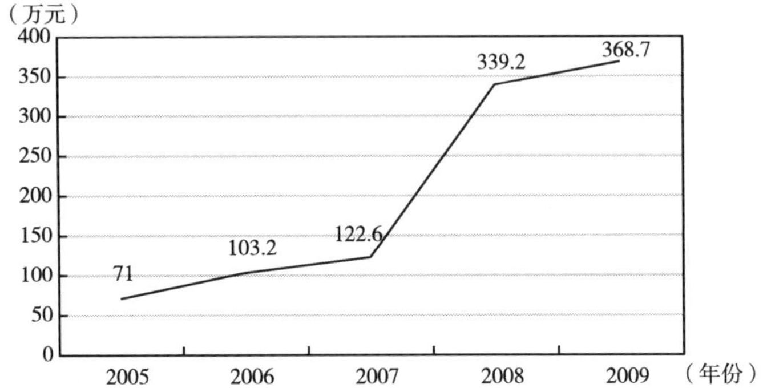

图 8－8　因创新研发所获政府补助额 2005～2009 年趋势

资料来源：国泰安数据库。

阮水龙的政治关系资本包括绍兴市第六届人大代表、上虞市第十五届人大代表等基本上都成功传承给了阮伟祥，银行关系资本虽然没有做到完全传承，但阮伟祥在传承后又增加了新的银行关系资本，基本上与传承前银行关系资本水平齐平。传承后，浙江龙盛因创新研发所获政府补助额高于传承前因创新研发所获政府补助额水平。

行业协会关系资本因为仅有“中国染料工业协会副会长”一项发生了传承，不具有参考价值，因此不计入浙江龙盛社会资本的传承对政府补助的影响的考量。

长期以来，为了促进企业自主创新能力的提高，我国政府对一些企业进行创新补贴。创新补贴释放了基于政府信用的技术认证和监管认证的双重信号，在融资中发挥了“光环”作用，这将增加企业外部融资的可能性，同时也降低了研发资金需求和市场融资成本，从而提高企业的创新投资效率。企业建立政治关联后，基于其资源效应，可以及时获取政府提供的创新补贴，创新补贴积极引导着企业的创新投资行为，学者们也实证检验了建立政治关联的企业获得创新补贴后对创新投资的影响。

综上所述，家族企业社会资本的传承，使因创新研发所获政府补助额不会因为创始人的退出而减少，对家族企业的创新投资产出效率有着正向影响。

8.4.3　控制权的传承与创新投资战略

浙江龙盛的股权结构属于典型的上市家族企业结构。资料显示，阮水龙及其家族股权涉入比例仅为 26.33%。阮水龙家族虽然持股比例不高，但仍占据了绝对控股地位。传承后阮伟祥持股比例为 10.11%，是仅次于阮水龙的第二大股东。

浙江龙盛的董事会结构如表 8－13 所示。董事会共 12 人，其中独立董事 4 人，阮伟祥任董事长及总经理。在非独立董事的董事会 6 席位中，阮伟祥及其家族占有 3 席。家族成员董事会占比为 25%。虽然家族成员涉入董事会比例不高，由于占有股权较大比例的外部投资者并未进入董事会，阮伟祥及其家族拥有董事会的相对控制权。阮伟祥自 1993 年进入浙江龙盛，曾历任总工程师、总经理，并于 2007 年出任董事长，至此，阮水龙完成了对阮伟祥的控制权传承。

表 8－13　　浙江龙盛家族成员在董事会的任职情况

	任　职	是否家族成员
阮伟祥	董事长、总经理	是
项志峰	常务副总经理、董事	是
徐金发	独立董事	否
罗斌	财务总监、董事	否
梁永明	独立董事	否
周勤业	董事	否
徐亚林	副总经理、董事	否
全泽	独立董事	否
姚建芳	副总经理、董事	否
孙笑侠	独立董事	否
周征南	董事	否
阮兴祥	副董事长、董事会秘书	是

资料来源：浙江龙盛企业 2016 年企业年报。

阮伟祥作为浙江龙盛法定代表人、第二大股东、董事长兼任总经理，其控制权呈稳固的两职合一的二元性结构。家族成员的管理涉入虽证实对家族企业创新具有一定阻碍作用，而两职合一的二元性结构则不同，独特的二元性结构将所有权、决策权和管理权统一起来，有效降低了企业内部代理成本，在具有强烈创新精神和创新意愿的阮伟祥的带领下，二元性结构带来的优势将浙江龙盛的自主创新投资战略在继承后转型升级为合作创新战略。

综上所述，家族企业控制权的传承后所有权、决策权和管理权统一，对创新投资战略转型的实施有促进作用。

8.5 家族传承企业创新投资的后果研究

8.5.1 继承人权威的构建

继承人权威有两种类型（见表 8 - 14）：正式权威和职能权威。正式权威具有强制性，一般通过法律或在组织的正式职位和角色来树立。职能权威则是通过声望、资历、个人魅力、专业技能等隐性来源来树立。

表 8 - 14　　权威的类型

权威类型		合法性来源
正式权威（具有强制性）	法定权威	法律
	职位权威	组织的正式职位和角色
职能权威（组织成员自愿服从）	个人权威	传统、声望、资历、个人魅力、与下属的融洽关系等
	能力权威	经验、知识、专业技能

资料来源：李新春，韩剑，李炜文．传承还是另创领地——家族企业二代继承的权威合法性建构［J］．管理世界，2015（06）．

家族企业继承人要完成权威和领袖魅力权威的建构，有两种可行的选择：一是先建构合法权威和领袖魅力权威（先授型权威建构）；

二是先构建领袖魅力权威再建构合法权威（胜任型权威建构）。

浙江龙盛的继任者阮伟祥利用自己的科研专长，一进入企业就担任总工程师，投入分散染料的技术攻关中，解决了钙镁离子含量等一系列技术难题，先完成了领袖魅力权威的构建。在充分证明自己的专长能力之后，2007 年在浙江龙盛董事换届选举中接任董事长职务，完成了合法性构建。

8.5.2　企业绩效提升

浙江龙盛在代际传承时对创新投资强度、创新投资产出效率和创新投资战略方面的影响，由创新投资带来了企业的绩效提升。

从表 8－15 浙江龙盛的主要财务指标与行业平均水平的对比可以看出，浙江龙盛在净资产、净利润、毛利率和净利率上均远高于行业均值，这也是其"内生性技术开发和外延式购并并重"，以"产业延展""技术延伸"为主业拓展路线的公司战略引导的结果。

表 8－15　　浙江龙盛的主要财务指标与行业平均水平的对比

	总市值	净资产	净利润	市盈率	市净率	毛利率	净利率	ROE
浙江龙盛	384 亿元	184 亿元	18.7 亿元	15.36	2.34	36.72%	18.63%	11.45%
化工行业（行业平均）	86.8 亿元	31.3 亿元	2.72 亿元	54.96	7.18	27.52%	10.13%	8.40%

资料来源：巨潮资讯网。

从表 8－16 可以看出，在营业收入较为接近的情况下，浙江龙盛与传化智联销售毛利率相差较大，浙江龙盛的销售毛利率 36.72%，是传化智联的 3 倍左右。

表 8－16　　浙江龙盛 2017 年 9 月与传化智联的销售毛利率对比

	净利润（亿元）	营业收入（亿元）	销售毛利率
浙江龙盛	18.72	112.17	36.72%
传化智联	2.38	119.95	12.08%

资料来源：巨潮资讯网。

从纵向的时间维度来看，浙江龙盛的营业收入 2006 ~ 2016 年这十年间自 24.74 亿元增至 124 亿元，营业利润也从 2.42 亿元增长到 31 亿元，与此同时，营业成本率从 98% 降至 62.7%。

8.5.3 核心竞争力提升

（1）行业地位优势。

通过整合龙盛和德司达各自的技术、服务、品牌、渠道、产能、成本和技术创新能力等优势，公司已成为全球最大的纺织用化学品生产服务商，全球拥有超过年产 30 万吨染料产能和年产约 10 万吨助剂产能，在全球市场中列居首位。公司拥有年产约 10 万吨的中间体产能，一体化生产带来的成本和环保优势，使公司中间体业务保持持续快速的增长。

（2）技术研发优势。

浙江龙盛现在拥有全球完整的产品开发、工艺开发、颜色应用服务（CSI）、可持续发展解决方案技术研发体系。

浙江龙盛目前拥有近 1900 项专利，雄厚的研发实力为公司在高端市场的产品开发提供有力的技术支持。2016 年公司国内研发中心全年累计实施完成项目 16 个，投产见效项目 13 个，在建项目 11 个，规划项目 12 个。

分散染料节水降本项目的实施，有效提升分散染料业务在当前严峻市场形势下的核心竞争力。系列高盐高 COD 废水处理关键技术、染料配套中间体项目绿色清洁新技术的开发，既能解除环保后顾之忧，也大幅度降低了生产成本。

2016 年公司在国内共申请专利 21 项，获得授权专利 20 项。分散黑 300 专利无效案取得胜诉的突破进展，分散印花黑专利保护取得胜利。公司被国家知识产权局成功认定为“国家知识产权优势企业”称号，并通过了浙江省专利示范企业复核认定。

（3）产业链延伸优势。

浙江龙盛已由单一染料产品向其他特殊化学品延伸，以产业链一体化为核心向相关中间体如间苯二酚、对苯二胺的生产拓展，扩大产能和市场份额；开发还原物等芳胺类中间体品种，整合和延伸染料供应链上游，强化战略性中间体原料的控制地位，从而进一步提升公司染料产品的主导权，同时对同行企业产生一定的制约作用。今后公司将继续通过持续的内部研发投入和外部的并购来丰富产品线，并最终成为跨多个领域的世界级特殊化学品生产服务商。

（4）国际化运作优势。

浙江龙盛通过几年的努力，实现了经营活动的全球化布局。与之相适应，公司全球化运营的能力进一步得到提升。对德司达业务的成功重组使公司增加了全球运作经验，并对通过购并重组等手段实现全球业务扩张更有信心，而与全球主要的大型跨国商业银行、投资银行以及具有当地优势的大型区域性银行建立起的广泛业务联系，使公司拥有了进一步在全球范围扩张业务的财务能力。

8.6　小　　结

本案例通过分析浙江龙盛集团的代际传承与创新投资的关系，可以得出以下结论：

（1）通过继承人传承前后研发投入强度的对比和同行业同样发生了代际传承但继承人没有技术工作经历的浙江闰土对比，发现浙江龙盛的继承人阮伟祥在继任后进行的研发投入都处于较高的水平。基于社会情感财富理论，“差序格局”的信任结构使控制性家族很难完全放心地把企业的研发活动交由外人或外来资本负责，当从家族外部引入了这些专业资本时，控制性家族就会面临信任困境，同时必须损失一部分的自由支配权，甚至可能失去对企业技术发展轨迹的掌控，这些都可能使控制家族感到社会情感财富（SEW）保有受到威胁，进一步降低了对研发投资行为的喜好。因此继承人的技术工作经历减少了将研发活动交由外人或外来资本负责的信任困境，他们没有社会情感财富（SEW）保有受到威胁导致的情感诉求，不会受制于这种社会情感财富（SEW）保有导致的抑制性影响，由此得出家族企业继任者在继任前的技术工作经历，对家族企业的创新投资强度有正向影响的结论。

（2）社会资本包含政治关系资本、行业协会资本和银行关系资本，社会资本的传承维持了因创新研发所获政府补助，并有所提升，由此得出家族企业社会资本的传承使因创新研发所获政府补助额不会因为创始人的退出而减少，对家族企业的创新投资产出效率有着正向影响。

（3）家族企业控制权的传承后所有权、决策权和管理权统一，对创新投资战略转型的实施有促进作用。

私募股权基金对
家族企业创新的
影响研究
Chapter 9

第9章 主要结论

本书运用定性分析法、案例分析法、文献综述法和描述性统计法，探讨了私募股权投资基金对家族企业创新的影响。本书主要得出以下结论。

（1）通过梳理现有的理论文献，本书发现：家族企业对创新的影响是一个具有争论的理论命题。有研究发现家族企业可以促进创新，也有研究则发现家族企业会阻碍创新，还有研究发现这两类作用同时存在。因此，家族企业创新绩效受到了多因素的影响。

（2）通过总结现有的理论分析，本书发现，私募股权可以从三个维度对家族企业创新发挥正面效应。首先，私募股权投资活跃了资本市场，改善了家族企业公司融资结构；其次，私募股权投资提高了公司质量，完善了家族企业公司治理；最后，私募股权投资加速了技术创新，推动了家族企业产业转型升级。

（3）通过对歌尔股份的案例研究，本书发现，在私募股权进入后，发明专利申请数量的增长率达到相对峰值，增长速度远高于其他年度的增长速度，研发投入也大幅增加。由此可见，私募股权的进入对于歌尔股份这个家族企业的创新来说存在正面效应，能促进家族企业的创新。

（4）通过对海特高新的案例分析，本书发现，私募股权对家族企业创新具有以下促进作用：一是通过将大量资金注入企业，从而使企业有能力增加研发投入，雇佣更多的研发人员与技术人员来促进创新；二是通过投资项目促进创新和提高创新绩效，私募股权投资资金被用于企业的各个项目投资，这些项目涵盖了企业的经营、发展、创新等各个方面，从而提升了企业的综合实力与创新能力；三是通过提升企业声望促进创新，私募机构承担风险的能力较强，敢于在企业不成熟时期注入大量资金，逐渐提升企业声望，使企业有能力吸引到更多优质投资者，募集到更多的资金，用于企业的经营与发展。

（5）通过对通化金马的案例研究，本书发现，私募股权投资对家族企业在创新方面发挥了积极作用。首先，可以募集资金，拓宽筹资渠道，进而为企业引进先进的技术，促进产品的开发与研究，拓宽企业的生产销售范围，通过与子公司的资源整合和协同效应，保证了公司在产品研发和销售、生产工艺的更新、原材料供应以及步入新兴市场等方面实现可持续发展；其次，可以为公司引进大量人才，为高层注入新鲜血液，提升企业高管层综合素质，解决了家族企业投资方式难以多样化的问题。

（6）通过分析浙江龙盛的代际传承与企业创新的关系，本书发现：接班人在继任前的技术工作经历，对浙江龙盛集团的创新投资强度有正面效应；社会资本的传承维持了企业所获得的政府补助，从而有助于提升该公司的创新投资产出效率；浙江龙盛集团在传承后，其所有权、决策权和管理权统一，对创新投资战略转型的实施有促进作用。

参考文献

[1] 陈见丽．风险投资能促进高新技术企业的技术创新吗——基于中国创业板上市公司的经验证据［J］．经济管理，2011（2）．

[2] 程昆，刘仁和，刘英．风险投资对我国技术创新的作用研究［J］．经济问题探索，2006（10）．

[3] 崔琳珩，顾文博，黄涛．风险投资对企业价值增值效应的研究——基于创业板数据［J］．财经界，2012（1）．

[4] 党兴华，黄继勇．技术创新网络的形成机理与组织结构研究［J］．经济管理，2004（20）．

[5] 赖继红．私募股权投资、企业创新及其宏观经济效应研究［J］．中央财经大学学报，2012（9）．

[6] 龙勇，张合，刘珂．风险资本与高新技术企业的特殊关系［J］．科技管理研究，2009（4）．

[7] 谈毅，陆海天，高大胜．风险投资参与对中小企业板上市公司的影响［J］．证券市场导报，2009（5）．

[8] 王雷，党兴华．R&D 经费支出、风险投资与高新技术产业发展——基于典型相关分析的中国数据实证研究［J］．研究与发展管理，2008（8）．

[9] 王峻慧．企业持续技术创新的组织支撑——论高新企业风险投资后有效管理对技术创新能力的积极影响［J］．自然辩证法研究，2009（9）．

[10] 王玉荣，李军．风险投资对中小企业自主创新影响的实证

研究［J］. 山东科技大学学报（社会科学版），2009（2）.

［11］喜济峰，郭立宏. 风险投资促进技术创新的动力机制和效应分析［J］. 科学管理研究，2012（2）.

［12］余劲松，罗雪祝. 私募股权投资与企业成长性——基于中国 2009－2013 年创业板上市公司数据的实证研究［J］. 贵州财经大学学报，2016（1）.

［13］张伟峰，慕继丰，万威武. 基于企业创新网络的技术路径创造［J］. 科学学研究，2003（12）.

［14］朱孝忠. 风险投资对技术创新的作用研究综述［J］. 金融理论与实践，2008（3）.

［15］Anderson R. C.，Reeb D. M.，2003，"Founding-family ownership, corporate diversification, and firm leverage", The Journal of Law and Economics, 46（2）: 653－684.

［16］Alberti, F. G.，and Pizzurno, E.，2013，"Technology, innovation and performance in family firms", International Journal of Entrepreneurship & Innovation Management, 17（1）: 142－161.

［17］Autio E.，Kenney M.，Mustar P.，et al.，2014，"Entrepreneurial innovation: The importance of context", Research Policy, 43（7）: 1097－1108.

［18］Ashwin A.，Krishnan R.，George R.，Family firms in India: Family involvement, innovation and agency and stewardship behaviors［J］. Asia Pacific Journal of Management, 2015, 32（4）: 869－900.

［19］Ayyagari M.，Demirgüç-Kunt A.，Maksimovic V.，Firm innovation in emerging markets: The role of finance, governance, and competition［J］. Journal of Financial and Quantitative Analysis, 2011, 46: 1545－1580.

［20］De Massis A.，Di Minin A.，Frattini F.，Family-driven innovation: Resolving the paradox in family firms［J］. California Management Review, 2015a, 58（1）: 5－19.

[21] De Massis A., Frattini F., Pizzurno E., Cassia L., Product innovation in family versus nonfamily firms: An exploratory analysis [J]. Journal of Small Business Management, 2015b, 53 (1): 1-36.

[22] Bammens, Y., Notelaers, G., and Van Gils, 2015, "Implications of family business employment for employees' innovative work involvement", Family Business Review, 28 (2): 123-144.

[23] Bennedsen, M., and Foss, 2015, "Family assets and liabilities in the innovation process", California Management Review, 58 (1): 65-81.

[24] Bergfeld, M.-M. H., and Weber, F., 2011, "Dynasties of innovation: Highly performing German family firms and the owners' role for innovation", International Journal of Entrepreneurship & Innovation Management, 13 (1): 80-94.

[25] Berchicci L., Tucci C. L., Zazzara C., 2013, " The influence of industry downturns on the propensity of product versus process innovation", Industrial & Corporate Change, 23 (2): 429-465.

[26] Bessant, J., R. Lamming, H. Noke, and W. Phillips, 2005, "Managing innovation beyond the steady state", Technovation, 25 (12): 1366-1376.

[27] Bianco M., Bontempi M. E., Golinelli R., et al., 2013, "Family firms'investments, uncertainty and opacity", Small Business Economics, 40 (4): 1035-1058.

[28] Bledowski P., Mossakowska M., Chudek J., et al., Medical, 2011, "Psychological and socioeconomic aspects of aging in Poland: assumptions and objectives of the Polsenior project", Experimental Gerontology, 46 (12): 1003-1009.

[29] Blind K., 2012, "The influence of regulations on innovation: A quantitative assessment for OECD countries", Research Policy, 41

(2): 391 - 400.

[30] Beck L., Janssens W., Debruyne M., Lommelen T., A study of the relationships between generation market orientation and innovation in family firms [J]. Family Business Review, 2011, 24 (3): 252 - 272.

[31] Beck S., Kenning P., The influence of retailers'family firm image on new product acceptance. An empirical investigation in the German FMCG market [J]. International Journal of Retail & Distribution Management, 2015, 43 (12): 1126 - 1143.

[32] Beneito P., Rochina-Barrachina M. E., Sanchis-Llopis A., Ownership and the cyclicality of firms' R&D investment [J]. International Entrepreneurship and Management Journal, 2014, 11 (2): 343 - 359.

[33] Block J., Miller D., Jaskiewicz P., Spiegel F., Economic and technological importance of innovations in large family and founder firms: An analysis of patent data [J]. Family Business Review, 2013, 26 (2): 180 - 199.

[34] Block J. H. R&D investments in family and founder firms: An agency perspective [J]. Journal of Business Venturing, 2012, 27: 248 - 265.

[35] Cassia, L., De Massis, A., and Pizzurno, 2011, "An exploratory investigation on NPD in small family businesses from Northern Italy", International Journal of Business, Management and Social Science, 2 (2): 1 - 14.

[36] Cassia, L., De Massis, A., and Pizzurno, 2012, "Strategic innovation and new product development in family firms. An empirically grounded theoretical framework", International Journal of Entrepreneurial Behavior & Research, 18 (2): 198 - 232.

[37] Cao J., Cumming D. J., Wang X., et al., 2015, "One-child policy and family firms in China", Journal of Corporate Finance, 317 - 329.

[38] Chirico F., 2008, "Knowledge Accumulation in Family Firms Evidence from Four Case Studies", International Small Business Journal, 26 (4): 433 -462.

[39] Chirico F, Bau M., 2014, "Is the family an 'asset' or 'liability' for firm performance? The moderating role of environmental dynamism", Journal of Small Business Management, 52 (2): 210 -225.

[40] Chirico, F., and Salvato, 2016, "Knowledge internalization and product development in family firms: When rational and affective factors matter", Entrepreneurship Theory & Practice, 40 (1): 201 -229.

[41] Chrisman, J. J., Chua, J. H., De Massis, A., Frattini, F., and Wright, 2015, "The ability and willingness paradox in family firm innovation", Journal of Product Innovation Management, 32 (3): 310 -318.

[42] Classen, N., Van Gils, A., Bammens, Y., and Carree, 2012, "Accessing resources from innovation partners: The search breadth of family SMEs", Journal of Small Business Management, 50: 191 -215.

[43] Coad A, Rao R., 2008, "Innovation and Firm Growth in High-Tech Sectors: A Quantile Regression Approach", Research Policy, 37 (4): 633 -648.

[44] Craig, J., and Dibrell, 2006, "The natural environment, innovation, and firm performance: A comparative study", Family Business Review, 19 (4): 275 -288.

[45] Craig, J. B., Dibrell, C., and Garrett, R, 2014a, "Examining relationships among family influence, family culture, flexible planning systems, innovativeness and firm performance", Journal of Family Business Strategy, 5 (3): 229 -238.

[46] Cucculelli, M., Le Breton-Miller, I., and Miller, 2016, "Product innovation, firm renewal and family governance", Journal of

Family Business Strategy, 7 (2): 90 - 104.

[47] Cuevas-Vargas H, Estrada S, Larios-Gómez E., 2016, "The effects of ICTs as innovation facilitators for a greater business performance. Evidence from Mexico", Procedia Computer Science 91: 47 - 56.

[48] Chang S. C., Wu W. Y., Wong Y. J., Family control and stock market reactions to innovation announcements [J]. British Journal of Management, 2010, 21 (1): 152 - 170.

[49] Chen V. Y. S., Tsao S. M., Chen G. Z., Founding family ownership and innovation [J]. Asia Pacific Journal of Accounting & Economics, 2013, 20 (4): 429 - 456.

[50] Chen H. L., Hsu W. T., Family ownership, board independence, and R&D investment [J]. Family Business Review, 2009, 22: 347 - 362.

[51] Chin C. L., Chen Y. J., Kleinman G., Lee P., Corporate ownership structure and innovation: Evidence from Taiwan's electronics industry [J]. Journal of Accounting Auditing Finance, 2009, 24 (1): 145 - 175.

[52] Choi Y. R., Zahra S. A., Yoshikawa T., Han B. H., Family ownership and R&D investment: The role of growth opportunities and business group membership [J]. Journal of Business Research, 2015, 68 (5): 1053 - 1061.

[53] Chrisman J. J., Patel P. J., Variations in R&D investments of family and non-family firms: Behavioral agency and myopic loss aversion perspectives [J]. Academy of Management Journal, 2012, 55 (4): 976 - 997.

[54] Classen N., Carree M., Van Gils A., Peters B., Innovation in family and non-family SMEs: An exploratory analysis [J]. Small Business Economics, 2014, 42 (3): 595 - 609.

[55] Craig J., Moores K., A 10-year longitudinal investigation of

strategy, systems, and environment on innovation in family firms [J]. Family Bus Rev, 2006, 19 (1): 1 -10.

[56] Cucculelli M., Product innovation and firm's growth in family firms: A quantile regression approach [J]. International Journal of Entrepreneurship and Innovation Management, 2013, 17 (1/2/3): 124 -141.

[57] Czarnitzki D., Kraft K., Capital control, debt financing and innovative activity [J]. Journal of Economic Behavior & Organization, 2009, 71: 372 -383.

[58] De Massis, A., Frattini, F., Kotlar, J., Messeni Petruzzelli, A., and Wright, 2016b, "Innovation through tradition: Lessons from innovative family businesses and directions for future research", Academy of Management Perspectives, 30 (1): 93 -116.

[59] De Massis, A., Frattini, F., Pizzurno, E., and Cassia, L, 2015b, "Product innovation in family versus nonfamily firms: An exploratory analysis", Journal of Small Business Management, 53 (1): 1 -36.

[60] De Massis, A., Kotlar, J., Frattini, F., Chrisman, J. J., and Nordqvist, M., 2016a, "Family governance at work: Organizing for new product development in family SMEs", Family Business Review, 29 (2): 189 -213.

[61] Dibrell, C., and Moeller, 2011, "The impact of a service-dominant focus strategy and stewardship culture on organizational innovativeness in family-owned businesses", Journal of Family Business Strategy, 2 (1): 43 -51.

[62] Duran P., Kammerlander N., Van Essen M., et al., 2016, "Doing More with Less: Innovation Input and Output in Family Firms", Academy of Management Journal, 59 (4): 1224 -1264.

[63] Elenkov, D. S., and Manev, I. M., 2005, "Social culture intelligence, top-level leadership and innovation influence: an international

study", Academy of Management Annual Meeting Proceedings.

[64] Folta T. B. , Miller K. D. , 2002, "Real options in equity partnerships", Strategic Management Journal, 23 (1): 77 – 88.

[65] Frank H. , Kessler A. , Rusch T. , Suess-Reyes J. , Weismeier-Sammer D. , Capturing the familiness of family businesses: Development of the family influence familiness scale (FIFS) [J]. Entrepreneurship Theory & Practice 2016. [Advance online publication].

[66] Franzke Stefanie A. Underpricing of Venture-backed and non venture-backed IPOs: Germany's neuer market [J]. Working Paper, Centre for Financial Studies, Frankfrut, 2003.

[67] Gomez-Mejia L. R. , et al. , 2007, "Socioemotional wealth and business risks in family-controlled firms: Evidence from Spanish olive oil mills", Administrative Science Quarterly, 52 (1): 106 – 137.

[68] Grönlund, J. , D. Rönnberg Sjödin, and J. Frishammar, 2010, "Open innovation and the stage-gate process: A revised model for new product development", California Management Review, 52 (3): 106 – 131.

[69] Gudmundson, D. , Tower, C. B. , and Hartman, E. A. , 2003, "Innovation in small businesses: Culture and ownership structure do matter", Journal of Developmental Entrepreneurship, 8 (1): 1 – 18.

[70] Gundry L. K. , Kickul J. R. , Iakovleva T. , et al. , 2014, "Women-owned family businesses in transitional economies: Key influences on firm innovativeness and sustainability", Journal of Innovation and Entrepreneurship, 3 (1): 8.

[71] Gómez-Mejía L. R. , Campbell J. T. , Martin G. , Hoskisson R. E. , Makri M. , Sirmon D. G. , Socioemotional wealth as a mixed gamble: Revisiting family firm R&D investments with the behavioral agency model [J]. Entrepreneurship Theory and Practice, 2014, 38 (6): 1351 – 1374.

[72] Grundström C., Öberg C., Öhrwall Rönnbäck A., View and management of innovativeness upon succession in family-owned SMEs. International Journal of Innovation Management, 2011, 15 (3): 617 - 640.

[73] Huang Y. C., Huang Y. C., Yang M. L., et al., 2016, "The effect of internal factors and family influence on firms' adoption of green product innovation", Management Research Review, 39 (10): 1167 - 1198.

[74] Hsu, L. -C., and Chang, H. -C, 2011, "The role of behavioral strategic controls in family firm innovation", Industry & Innovation, 18 (7): 709 - 727.

[75] Hauck J., Prügl R., Innovation activities during intra-family leadership succession in family firms: An empirical study from a socioemotional wealth perspective [J]. Journal of Family Business Strategy, 2015, 6 (3): 104 - 118.

[76] Ingram, A. E., Lewis, M. W., Barton, S., and Gartner, W. B., 2016, "Paradoxes and innovation in family firms: The role of paradoxical thinking", Entrepreneurship Theory and Practice, 40 (1): 161 - 176.

[77] Jensen, M. C., and W. H. Meckling, 1976, "Theory of the firm: managerial behavior, agency costs and ownership structure", Journal of Financial Economics, 3 (4): 305 - 360.

[78] Jr, Albert A. Cannella, C. D. Jones, and M. C. Withers, 2015, "Family-versus lone-founder-controlled public corporations: Social identity theory and boards of directors", Academy of Management Journal, 58 (2): 436 - 459.

[79] Kotlar, J., De Massis, A., Frattini, F., Bianchi, M., and Fang, H., 2013, "Technology acquisition in family and nonfamily firms: A longitudinal analysis of spanish manufacturing firms", Journal of Product Innovation Management, 30 (6): 1073 - 1088.

[80] Kraiczy, N. D., Hack, A., and Kellermanns, F. W., 2014, "New product portfolio performance in family firms", Journal of Business Research, 67 (6): 1065 - 1073.

[81] Kraiczy, N. D., Hack, A., and Kellermanns, F. W., 2015, "What makes a family firm Innovative? CEO risk-taking propensity and the organizational context of family firms", Journal of Product Innovation Management, 32 (3): 334 - 348.

[82] Kammerlander N., Ganter M., An attention-based view of family firm adaptation to discontinuous technological change: Exploring the role of family CEOs' noneconomic goals [J]. Journal of Product Innovation Management, 2015, 32 (3): 361 - 383.

[83] Kashmiri S., Mahajan V., A rose by any other name: Are family firms named after their founding families rewarded more for their new product introductions? [J]. Journal of Business Ethics, 2014, 124 (1): 81 - 99.

[84] Kim H., Lee P. M., Ownership structure and the relationship between financial slack and R&D investments: Evidence from Korean firms [J]. Organization Science, 2008, 19: 404 - 418.

[85] Kotlar J., Fang H., De Massis A., Frattini F., Profitability goals control goals and the R&D investment decisions of family and nonfamily firms [J]. Journal of Product Innovation Management, 2014, 31 (6): 1128 - 1145.

[86] Kraus S., Pohjola M., Koponen A., Innovation in family firms: An empirical analysis linking organizational and managerial innovation to corporate success [J]. Review of Managerial Science, 2012, 6 (3): 265 - 286.

[87] Kortum S., Lerner J., Assessing the contribution of venture capital to innovation [J]. Journal of Economics, 2010, 31 (4): 674 - 692.

[88] Le Breton-Miller I., Miller D., Lester R. H., Stewardship or agency? A social embeddedness reconciliation of conduct and performance in public family businesses [J]. Organization Science, 2011, 22: 704 -721.

[89] Leenen S., Innovation in family businesses - a conceptual framework with case studies of industrial family firms in the German "Mittelstand" [M]. St. Gallen, HSG, 2005.

[90] Li H., Zhang Y., The role of managers political networking and functional experience in eew venture performance: Evidence from China's transition economy [J]. Strategic Management Journal, 2007, 28 (8): 791 -804.

[91] Liang Q., Li X., Yang X., Lin D., Zheng D., How does family involvement affect innovation in China? [J] Asia Pacific Journal of Management, 2013, 30 (3): 677 -695.

[92] Llach J., Marquès P., Bikfalvi A., Simon A., Kraus S., The innovativeness of family firms through the economic cycle [J]. Journal of Family Business Management, 2012, 2 (2): 96 -109.

[93] Llach J., Nordqvist M., Innovation in family and non-family businesses: A resource perspective. International Journal of Entrepreneurial Venturing, 2010, 2: 381 -399.

[94] Lichtenthaler, U., Muethel, M., 2012, "The impact of family involvement on dynamic innovation capabilities: Evidence from German manufacturing firms", Entrepreneurship Theory and Practice, 36 (6): 1235 -1253.

[95] Li Liu and Xinde Chen, 2014, "Management innovation for Chinese family business", Journal of Management and Strategy, 5 (1).

[96] Ling Y., Kellermanns F. W., 2010, "The effects of family firm specific sources of TMT diversity: The moderating role of information exchange frequency", Journal of Management Studies, 47 (2):

322 - 344.

[97] Miller, D., Wright, M., Le Breton-Miller, I., and Scholes, L., 2015, "Resources and innovation in family businesses: The janus-face of socioemotional preferences", California Management Review, 58 (1): 20 - 40.

[98] Moser P., 2013, "Patents and Innovation: Evidence from Economic History", Social Science Electronic Publishing, 27 (1): 23 - 44.

[99] Matzler K., Veider V., Hautz J., Stadler C., The impact of family ownership management and governance on innovation [J]. Journal of Product Innovation Management, 2015, 32 (3): 319 - 333.

[100] Miller D., Le Breton-Miller I., Lester R., Family and lone-founder ownership and strategic behavior: Social context, identity and institutional logics [J]. Journal of Management Studies, 2011, 48 (1): 1 - 25.

[101] Miller K. D., A framework for integrated risk management in international business [J]. Journal of International Business Study. 1992, 23 (2): 311 - 331.

[102] Morck R., Wolfenzon D., Yeung, B., Corporate governance, economic retrench, and growth [J]. Journal of Economic Literature, 2005, 63: 655 - 720.

[103] Munari F., Oriani R., Sobrero., The effects of owner identity and external governance systems on R&D investments: A study of Western European firms [M]. Research Policy, 2010, 39, 1093 - 1104.

[104] Muñoz-Bullon F., M. Sanchez-Bueno., The impact of family involvement on the R&D intensity of publicly traded firms [J]. Family Business Review, 2011, 24 (1): 62 - 70.

[105] Nieto, M. J., Santamaria, L., and Fernandez, Z., 2015, "Understanding the innovation behavior of family firms", Journal

of Small Business Management, 53 (2): 382 -399.

[106] Padilla-Melÿndez, A., Dieguez-Soto, J., and Garrido-Moreno, A., 2015, "Empirical research on innovation in family business: Literature review and proposal of an integrative framework", Review of Business Management, 17 (56): 1064 - 1089.

[107] Patel P. C., Chrisman J. J., Risk abatement as a strategy for R&D investments in family firms [J]. Strategic Management Journal, 2014, 35 (4): 617 -627.

[108] Pieper, T. M., and Klein, S. B., 2007, "The bulleye: A systems approach to modeling family firms", Family Business Review, 20 (4): 301 -319.

[109] Pittino, D., and Francesca V., 2009, "Innovation and strategic types of family SMEs: a test and extension of miles and snow's configurational model", Journal of Enterprising Culture, 17 (3): 257 -295.

[110] Pittino, D., Visintin, F., Bau', M., and Mazzurana, P., 2013, "Collaborative technology strategies and innovation in family firms", International Journal of Entrepreneurship & Innovation Management, 17 (1/2/3): 8 -27.

[111] Rosing, K., Frese, M., and Bausch, A., 2011, "Explaining the heterogeneity of the leadership-innovation relationship: ambidextrous leadership", Leadership Quarterly, 22 (5): 956 -974.

[112] Röd, I., Disentangling the family firm's innovation process: A systematic review , Journal of Family Business Strategy. 2016, (7): 185 -201.

[113] Sanchez-Famoso V., Maseda A., Iturralde T., The role of internal socialcapital in organisational innovation. An empirical study of family firms [J]. European Management Journal, 2014, 32 (6): 950 -962.

[114] Schmid T., Ann-Kristin A., Markus A., Christoph K.,

Family firms and R&D behavior-New evidence from a large-scale survey [J]. Research Policy, 2014, 43: 233 -244.

[115] Sciascia S., Nordqvist M., Mazzola P., De Massis A., Family ownership and R&D intensity in small-and medium-sized firms [J]. Journal of Product Innovation Management, 2015, 32 (3): 349 -360.

[116] Suman, Lodh, Monomita, Nandy, Jean Chen, Innovation and Family Ownership: Empirical Evidence from India, Corporate Governance [J]. An International Review, 2014, 22 (1): 4 -23.

[117] Sanchez-Famoso, V., Maseda, A., and Iturralde, T., 2014, "The role of internal social capital in organisational innovation. An empirical study of family firms", European Management Journal, 32 (6): 950 -962.

[118] Simon, F. B., 2012, "Einführung in die Theorie des Familienunternehmens", Heidelberg, Germany: Carl-Auer Verlag.

[119] Sirmon D. G., Arregle J. L., Hitt M. A., Webb J. W., The role of family influence in firms' strategic responses to threat of imitation [J]. Entrepreneurship Theory and Practice, 2008, 32 (6): 979 -998.

[120] Sylvie Laforet, 2013, "Innovation characteristics of young and old family-owned businesses", Journal of Small Business and Enterprise Development 20 (1).

[121] Tsao S. M., Lien C. H. Family management and internationalization: The impact on firm performance and innovation [J]. Management International Review (MIR), 2013, 53 (2): 189 -213.

[122] Tykvova, T., Venture capital in Germary and its impact on innovation [C]. Social Science Research Network Working Paper, presented at the EFMA Conference, Athens, 2000.

[123] Wagner M., Corporate social performance and innovation with high social benefits: A quantitative analysis [J]. ournal of Business

Ethics, 2010, 94 (4): 581 -594.

[124] Wang Y. , 2016, "Environmental dynamism, trust and dynamic capabilities of family businesses", International Journal of Entrepreneurial Behaviour & Research, 22 (5): 643 -670.

[125] Wang K. Clement, Wang K. & Lu Q. , Effects of Venture Capitalist's Participation in Listed Companies [J]. Journal of Banking & Finance, 2003 (27): 2015 -2034.

[126] Wong C. , Venture capitalists underperform in HK IPO market, Working Paper , City University of Hong Kong. 2004.

[127] Yoo T. , Sung T. , How outside directors facilitate corporate R&D investment? Evidence from large Korean firms [J]. Journal of Business Research, 2015, 68 (6): 1251 -1260.

[128] Zahra, S. A. , Neubaum, D. O. , Larraneta, 2007, "Knowledge sharing and technological capabilities: The moderating role of family involvement", Journal of Business Research, 60 (10): 1070 -1079.